BestMasters

Mit **„BestMasters“** zeichnet Springer die besten Masterarbeiten aus, die an renommierten Hochschulen in Deutschland, Österreich und der Schweiz entstanden sind. Die mit Höchstnote ausgezeichneten Arbeiten wurden durch Gutachter zur Veröffentlichung empfohlen und behandeln aktuelle Themen aus unterschiedlichen Fachgebieten der Naturwissenschaften, Psychologie, Sozialwissenschaften, Technik und Wirtschaftswissenschaften. Die Reihe wendet sich an Praktiker und Wissenschaftler gleichermaßen und soll insbesondere auch Nachwuchswissenschaftlern Orientierung geben.

Springer awards **“BestMasters”** to the best master’s theses which have been completed at renowned Universities in Germany, Austria, and Switzerland. The studies received highest marks and were recommended for publication by supervisors. They address current issues from various fields of research in natural sciences, psychology, social sciences, technology, and economics. The series addresses practitioners as well as scientists and, in particular, offers guidance for early stage researchers.

Leonie Sarah Stolz

Kundenzentrierte Touchpoints in der Versicherungsbranche

Am Beispiel der Krankenversicherung

Springer Gabler

Leonie Sarah Stolz
Customer Relationship Management
TUCed
Chemnitz, Deutschland

ISSN 2625-3577 ISSN 2625-3615 (electronic)
BestMasters
ISBN 978-3-658-49981-5 ISBN 978-3-658-49982-2 (eBook)
https://doi.org/10.1007/978-3-658-49982-2

Die Deutsche Nationalbibliothek verzeichnet diese Publikation in der Deutschen Nationalbibliografie; detaillierte bibliografische Daten sind im Internet über https://portal.dnb.de abrufbar.

Planung/Lektorat: Carina Reibold
Springer Gabler ist ein Imprint der eingetragenen Gesellschaft Springer Fachmedien Wiesbaden GmbH und ist ein Teil von Springer Nature.
Die Anschrift der Gesellschaft ist: Abraham-Lincoln-Str. 46, 65189 Wiesbaden, Germany

Vorschlag Vorwort

Die vorliegende Masterarbeit mit dem Titel *„Touchpoints im Wandel: Kundenzentrierte Interaktion in der Versicherungsbranche am Beispiel der Krankenversicherung“* widmet sich einem für die Versicherungswirtschaft hochaktuellen und zugleich wissenschaftlich bislang wenig erforschten Themenfeld. Im Mittelpunkt steht die Rolle des Customer Experience Managements (CEM) im Zusammenspiel mit einem systematischen Touchpoint-Management in der gesetzlichen Krankenversicherung.

Vor dem Hintergrund steigender Kundenerwartungen, wachsender digitaler Kontaktmöglichkeiten und einer zunehmenden Dynamik in der Servicegestaltung analysiert die Autorin präzise die Potenziale eines kundenzentrierten Ansatzes. Dabei gelingt es ihr, Begeisterungs- und Zufriedenheitsfaktoren im Sinne des Kano-Ansatzes herauszuarbeiten und in einen theoretisch fundierten, methodisch klar strukturierten Rahmen einzubetten.

Besonders hervorzuheben ist die Verbindung aus wissenschaftlicher Fundierung, sorgfältiger empirischer Erhebung und hoher praktischer Relevanz. Die Arbeit leistet damit einen wichtigen Beitrag zur Forschung im Bereich des Customer Experience Managements und verdeutlicht, wie Versicherungsunternehmen strategische Maßnahmen ableiten können, um Kundenerlebnisse gezielt zu gestalten und Vertrauen nachhaltig aufzubauen.

Als Professorin und Studiengangsleiterin sowie wissenschaftliche Betreuerin und Gutachterin überzeugt uns diese Arbeit durch ihre hohe Qualität, methodische Strenge und inhaltliche Relevanz für ein zukunftsweisendes Themenfeld. Sie bietet wertvolle Impulse für Wissenschaft und Praxis und trägt dazu bei, den Wandel hin zu stärker kundenzentrierten Dienstleistungen in der Versicherungsbranche zu verstehen und aktiv zu gestalten.

Univ.-Prof. Dr. Cornelia Zanger
Dr. Kerstin Klaus
TUCed – An-Institut für Transfer und
Weiterbildung GmbH an der
Technischen Universität Chemnitz
Chemnitz, Deutschland

Gender Hinweis

Die in dieser Masterarbeit verwendeten Personenbezeichnungen beziehen sich immer gleichermaßen auf alle Geschlechter. Auf eine Doppelnennung und gegenderte Bezeichnungen wird zugunsten einer besseren Lesbarkeit verzichtet.

Inhaltsverzeichnis

Abkürzungsverzeichnis

f.	folgende
ff.	fortfolgende
S.	Seite
u. a.	unter anderem
vgl.	vergleiche
Z.	Zeile

Abbildungsverzeichnis

Tabellenverzeichnis

Einleitung 1

1.1 Problemstellung

Bereits seit einiger Zeit dominieren neuartige Entwicklungen der Interaktion und Technik jegliche Branchen und beeinflussen auch kundenseitig die Erfahrungen. Echtzeit-Kommunikation, digitale Unterschriften oder Videokonferenzen sind zur Normalität der Menschen geworden.

Ein sich derartig veränderndes Umfeld beeinflusst auch maßgebend die Erwartungen an die im täglichen Leben auftretenden Unternehmen. Das Erleben, zu englisch „to experience“, der Kunden in Form von digitalem Service wird auch für verwaltungsintensive Unternehmen relevant. Die Customer Experience, also das Kundenerlebnis oder auch die Erfahrungen, die Kunden in Kontaktpunkten und anderen Interaktionen machen, sind damit zu einem fundamentalen Bestandteil der Unternehmen geworden (vgl. Gronholdt et al. 2015, S. 90 f.). Dies gilt auch für die Krankenversicherungsunternehmen. Informative Websites und Online-Kontaktmöglichkeiten in Form von Online-Servicecentern stellen einen wichtigen Bestandteil der heutigen Arbeit von Krankenversicherungen dar. Nicht nur, um damit den Kundenerwartungen zu entsprechen, sondern vor allem, um im Wettbewerb zu bestehen (vgl. Adolph/Eveling/Metzler 2016, S. 77). Der immer stärker werdende Verdrängungswettbewerb ist dabei aus der Anzahl der Krankenversicherungen ersichtlich. In den letzten zehn Jahren hat sich die Anzahl der Krankenversicherungen von 134 auf 96 im Jahr 2023 reduziert (vgl. Spitzenverband 2023). Es ist seit jeher Ziel, die Kunden an das Unternehmen zu binden und einen loyalen Bestand zu sichern. Durch die oben erwähnten Entwicklungen ist die reine Versicherungsleistung lediglich ein Bestandteil, der zum Verbleib animiert. Es kommen weitere Zufriedenheitstreiber und Erwartungen an

L. S. Stolz, *Kundenzentrierte Touchpoints in der Versicherungsbranche*, BestMasters, https://doi.org/10.1007/978-3-658-49982-2_1

das Unternehmen hinzu. Analog der freien Wirtschaft dominieren digitale Serviceleistungen und Extraleistungen das Bild. Damit sind ein guter und schneller Service oder eine autarke Online-Servicestelle nur Beispiele, wie Krankenversicherungen durch Customer Experience die Kundenbindung vorantreiben und die Einstellung zum Unternehmen prägen (vgl. Gronholdt et al. 2015, S. 91). Mechanismen wie Rabatte, Gutscheine oder Kundenloyalitätsprogramme gibt es dabei nicht. Durch die gesetzlichen Gegebenheiten und Vorgaben aus dem Sozialgesetzbuch ist das Feld an Marketingmöglichkeiten zur Stärkung der Kundenbindung reglementiert. Zusammenfassend spielen die sich verändernden Kundenerwartungen an das Unternehmen eine wichtige Rolle bei dem unternehmerischen Ziel der Kundenzufriedenheit. Die Interaktion zwischen Kunden und Unternehmen an den verschiedenen Touchpoints stehen vor allem bei Krankenversicherungen im Vordergrund. Die Einflüsse der digitalen Möglichkeiten in Bezug auf den Service sind mannigfaltig und Kunden bestimmen zunehmend Zeitpunkt und Ort der Interaktion. Unternehmen jeglicher Branche stehen vor der Herausforderung, sich stetig neu zu erfinden und mit den neuen Technologien Schritt zu halten, um Kundenerwartungen zu erfüllen. Nicht zuletzt sind die Kunden durch branchenfremde Unternehmen wie Google, Amazon oder Apple und deren innovative Dienstleistungen geprägt (vgl. N'Goala, et al. 2019, S. 1 f.). Welche Kundenerwartungen ergeben sich nun aus diesen neuartigen Möglichkeiten der Interaktion und resultierenden Touchpoints und wie bedingen diese auch das Handeln der Krankenversicherungen?

1.2 Zielsetzung

In der vorliegenden Arbeit werden die verschiedenen theoretischen Hintergründe dieser Problemstellung erläutert und durch eine explorative Forschungsmethode in Form der qualitativen Interviews mit Experten angereichert und verknüpft. Dabei stellen die theoretischen Grundlagen die Hinführung zur Problemstellung und Relevanz dar. Die ersten Schritte sind deswegen eine systematische Suche in entsprechender Literatur, um einen Überblick und das Verständnis für die Themen der Kundenerwartung, Kundenzufriedenheit, Entstehung von Customer Relationship und Customer Experience Management zu erhalten. Anschließend wird das Touchpointmanagement als ein mögliches Werkzeug dessen vorgestellt. Der Fokus liegt auf der nachfolgend formulierten Forschungsfrage und wird mit den verschiedenen theoretischen Elementen verknüpft:

Welche Rolle spielt die touchpointgesteuerte Interaktion bei sich verändernden Kundenerwartungen für ein Krankenversicherungsunternehmen und wie kann diese kundenzentriert zur Beeinflussung der Gesamterfahrung optimiert werden?

Ziel ist es schlussendlich, die gewonnenen Erkenntnisse der theoretischen Grundlage mit dem Gedankengut der Experten zusammenzuführen und inhaltliche Unterschiede festzustellen oder Gemeinsamkeiten zu finden, um daraus Handlungsimplikationen für Krankenversicherungsunternehmen abzuleiten.

1.3 Vorgehen

Zu Beginn stellt die Problemstellung die Relevanz des Themas dar und ergründet, weshalb in dieser Richtung geforscht werden soll. Mit Hilfe der theoretischen Herleitung ist das Grundgerüst für die wissenschaftliche Arbeit erstellt. Im ersten Kapitel stellt die Theorie zur Kundenzufriedenheit und deren Entstehung ein Fundament für die weiteren wissenschaftlichen Theoreme dar. Die Entstehung von Kundenzufriedenheit und der kausale Zusammenhang zwischen Kundenzufriedenheit und Kundenbindung werden nacheinander ergründet. Daraus ist das Customer Relationship Management als ein Ansatz hervorgegangen und ist der Ausgangspunkt der weiteren Theorie. Mit dem Customer Experience Management ist bereits eine Weiterentwicklung zum Customer Relationship Management zu nennen, welche durch die Verwaltung der Touchpoints eine Möglichkeit für ein positives Gesamterlebnis schafft. Genau aus diesen Gesichtspunkten erläutert das Touchpointmanagement als weiteres theoretisches Konstrukt die Relevanz dieser Orchestrierung. Durch diesen Zusammenschluss aus den verschiedenen theoretischen Konstrukten ergibt sich der für diese wissenschaftliche Arbeit geltende Theorierahmen, welcher auch visuell eine Basis für die weitere Forschung darstellt. Von dieser Basis ausgehend ist das methodische Vorgehen und die Empirie der anschließende Schwerpunkt. Im dritten Kapitel der wissenschaftlichen Arbeit werden die theoretischen Annahmen überprüft. Dabei ist zu Beginn eine aktuelle Literaturrecherche zur Verdeutlichung der Forschungslücke zu finden, die die Überleitung zum methodischen Teil darstellt und die Forschungsfrage ableitet. Im Anschluss beschreiben das Untersuchungsdesign und die Herleitung der Empirie die Methodik. Es wurden in einer qualitativen Forschung acht Experteninterviews im Bereich der Krankenversicherung durchgeführt und insgesamt zehn Kategorien gebildet. Die Ergebnisse sind zunächst deskriptiv dargestellt. Anschließend findet eine Konsolidierung der Ergebnisse mit dem Theorierahmen und den theoretischen Erkenntnissen statt. Damit fasst die Management Summary die wissenschaftliche Arbeit zusammen. Die Ableitung der Erkenntnisse analysiert Unterschiede und Gemeinsamkeiten von Theorie und Praxis, um im Rahmen der Ergebnisdiskussion die vorliegende Forschungsfrage zu beantworten. Dies mündet in Empfehlungen für die Praxis der Krankenversicherungen und es folgen ein Ausblick und die kritische Würdigung der Arbeit.

2 Theoretische Herleitung und Grundlagen

2.1 Entstehung von Kundenzufriedenheit

Die Kundenzufriedenheit zählt durch die positiven Nebeneffekte, die ihr beigemessen werden, zu einem beeinflussbaren Konstrukt für eine erfolgreiche Unternehmensführung. Die positiven Auswirkungen, welche zum Unternehmenserfolg führen, sind unterschiedlich. So ist eine Annahme, dass zufriedene Kunden einen Wiederkauf tätigen oder nicht zu einem Konkurrenzunternehmen abwandern (vgl. u. a. Churchill/Surprenant 1982, S. 491 f.; Meister et al. 1998, S. 4; Anderson/Fornell/Mazvancheryl 2004 S. 173). Zudem sind Kunden, welche mehrfach zufrieden mit dem Produkt oder der Dienstleistung waren, loyaler als unzufriedene Kunden, wodurch die Kundenbindung unterstützt wird (vgl. u. a. Diller 1996, S. 90; Giering 2000, S. 2 f.; Skala-Gast 2012). Eine weitere Auswirkung von Kundenzufriedenheit ist die Weiterempfehlung. Zufriedene Kunden empfehlen Dienstleistungen oder Produkte anderen potentiellen Kunden (vgl. Homburg/Bucerius 2012, S. 56). Durch die positive Auswirkung auf die Kundenbindung und künftige Verhaltensabsicht der Kunden zählt das Konstrukt der Kundenzufriedenheit zu einem wichtigen Treiber in der Unternehmensführung. Es gilt die Entstehung von Kundenzufriedenheit nachzuvollziehen, um die positiven Auswirkungen zu nutzen und Kundenbindung zu forcieren.

Dennoch ist die Kundenzufriedenheit lediglich eine mögliche Komponente, um den Unternehmenserfolg zu steigern. Die Verstetigung der Kundenzufriedenheit kann nicht allein als Treiber des Unternehmenserfolgs gelten, da auch andere Faktoren das Verhalten der Kunden beeinflussen (Homburg/Bruhn 2010, S. 9 f.). So stehen neben der Kundenzufriedenheit auch die Treiber Produktqualität oder Kundenbindung in engen Zusammenhang mit unternehmerischem Erfolg (vgl. Huber/Herrmann/Braunstein 2009, S. 72). An dieser Stelle ist auch

L. S. Stolz, *Kundenzentrierte Touchpoints in der Versicherungsbranche*, BestMasters, https://doi.org/10.1007/978-3-658-49982-2_2

anzuführen, dass trotz zufriedener Kunden eine Kundenbindung nicht gleichzeitig vorausgesetzt werden kann. Zufriedene Kunden haben jedoch eine höhere Wahrscheinlichkeit, loyale Kunden zu sein (vgl. Nerdinger/Naumann 2007, S. 144). Nicht zuletzt ist die Steigerung von Kundenzufriedenheit ein wichtiges Ziel innerhalb Produkt- oder Dienstleistungsunternehmen, um die positiven Auswirkungen für den unternehmerischen Erfolg zu nutzen.

Das Konzept der Kundenzufriedenheit basiert auf der Annahme, dass Kunden mit einer Erwartung oder einem Bedürfnis ein Produkt oder eine Dienstleistung in Anspruch nehmen. Die Kundenerwartung und das Kundenbedürfnis sollen durch die Inanspruchnahme oder den Kauf erfüllt werden. Die daraufhin erwartete Soll-Leistung wird hierbei nicht von einem einzelnen Faktor abhängig gemacht (vgl. Robledo 2001, S. 27). In der Literatur wird ein Zusammenspiel von mehreren Faktoren beschrieben. Zum einen sind vergangene Erfahrungen bei anderen Unternehmen ein wesentlicher Einflussfaktor mit besonderer Relevanz im Dienstleistungssektor (vgl. Zeithaml/Berry/Parasuraman 1988, S. 36). Zum anderen stimulieren Preis, Reputation des Unternehmens, Versprechen in Werbebotschaften oder auch Erfahrungsberichte anderer eine Erwartungshaltung beim Kunden (vgl. Tam 2007, S. 284). Die ausführliche Erläuterung von Kundenerwartungen wird im folgenden Kapitel noch einmal genauer aufgegriffen. Vorerst ist relevant, dass Erwartungen mehrdimensional und entscheidend für das Empfinden einer Dienstleistung oder Kauf eines Produktes sind. Kunden deren Bedürfnisse und Erwartungen nach der Transaktion oder der Dienstleistung erfüllt wurden, sind zufrieden (vgl. Homburg/Rudolph 1997, S. 33). Das Zusammenwirken von Erwartung oder Bedürfnis und schlussendlichem Empfinden einer Zufriedenheit wird in der Literatur mit dem Confirmation/Disconformation Paradigma bezeichnet. Das Paradigma geht auf die beschriebene Tatsache ein, dass die Erfüllung der Erwartungen zu einer Confirmation, also einer Zufriedenheit, führt und die nicht Erfüllung der Erwartungen und Bedürfnisse der Kunden in der Disconfirmation, also der Unzufriedenheit, endet. Dieser Soll-Ist-Vergleich zwischen Erwartungen und tatsächlicher Leistung findet unterbewusst während beziehungsweise nach der Inanspruchnahme einer Dienstleistung oder dem Kauf eines Produktes statt. Das persönlich wahrgenommene Leistungsniveau wird als Ist-Leistung mit der erwarteten tatsächlichen Soll-Leistung verglichen (vgl. Homburg/Stock-Homburg 2015, S. 20 f.). Das Ergebnis dieses Vergleiches ist demnach entweder die erlangte Kundenzufriedenheit, weil Anspruch und Erwartungen übereinstimmen, oder Unzufriedenheit bei unzureichender Ist-Leistung. Für die Entstehung von Kundenzufriedenheit ist es förderlich, die erwartete Soll-Leistung der Kunden zu kennen, um die Ist-Leistung entsprechend erbringen zu können und so zu einer Kundenzufriedenheit beizutragen (vgl. Homburg 2015, S. 44). Das Confirmation/

Disconformation Paradigma bildet eine grundlegende Annahme zur Konzeptualisierung der Entstehung der Kundenzufriedenheit. Auch in Definitionen aktueller Literatur wird der beschriebene unterbewusste Abgleich von Erwartungen oder Bedürfnissen und ihrer Erfüllung als ein zentraler Aspekt betrachtet (vgl. Magerhans/Engelhardt 2023, S. 21). Folglich dient dies als Ausgangspunkt für die Erstellung der wissenschaftlichen Arbeit. Die Kundenzufriedenheit bezeichnet abschließend jenen Zustand, welcher beim Kunden eintritt, sobald mindestens die Kundenerwartungen hinsichtlich des Produkts oder einer Dienstleistung erfüllt sind. Somit beschreibt die Kundenzufriedenheit die positive Einstellung nach der Handlung oder Interaktion mit einem Unternehmen (vgl. Trommsdorf 2009, S. 127).

Im zeitlichen Verlauf und auf Basis des Confirmation/Disconformation Paradigmas brachten alternative Kontexte und Studien weitere Perspektiven hervor (vgl. Homburg/Stock-Homburg 2015 S. 23 f.). Im erweiterten Kontext ist das Konstrukt der Kundenzufriedenheit betrachtet nicht ein einmaliger Vergleichsprozess, sondern ein kumulierter und stetiger Abgleich von der Soll- und Ist-Leistung. Demzufolge entsteht Kundenzufriedenheit nicht im einmaligen Prozess, vielmehr ist es die stetige Anpassung von Bedürfnissen und Erwartung (vgl. u. a. Homburg/Giering 2001, S. 45; Anderson/Fornell/Lehmann 1994, S. 57). Die Kundenzufriedenheit ist also keine starre Momentaufnahme oder ein unveränderbarer Zustand. Sowohl bei Produkten und jedem Berührungspunkt als auch bei Dienstleistungen und folglich jeder Interaktion mit dem Unternehmen entsteht Kundenzufriedenheit oder -unzufriedenheit. Um den weiteren Verlauf bereits branchenspezifisch auszurichten und den Dienstleistungskontext zu berücksichtigen, wird im Folgenden genauer auf den Service und die Dienstleistung als solche und weniger auf die Produkte eingegangen. Die Entscheidung basiert auf der Tatsache, dass es sich bei Krankenversicherungsunternehmen formal um kein haptisches Gut handelt, sondern der Service und damit die Dienstleistung von Kunden erlebt werden. Um folglich eine Kundenzufriedenheit bei Unternehmen mit Serviceschwerpunkt zu betrachten, ist jeder Kontaktpunkt mit dem Unternehmen entscheidend (vgl. Hippner et al., 2011, S. 21).

Zur besseren Einordnung der Bedürfnisse und Erwartungen an den verschiedenen Kontaktpunkten folgt als eine Erweiterung zum Confirmation/Disconformation Paradigma das Kano-Modell. Dadurch wird eine präzise Analyse der Einflussfaktoren auf die Entstehung von Kundenzufriedenheit möglich und bietet eine differenzierte Perspektive auf die Erwartungshaltung der Kunden (vgl. Sauerwein, 2000, S. 27 f.). Das Kano-Modell ist ein weiterer Ansatz zur Erläuterung der Entstehung von Kundenzufriedenheit, wobei auch hier das

Confirmation/Disconformation Paradigma als Hintergrund dient. Die Kundenzufriedenheit entsteht nicht allein durch einen allgemeinen Vergleich, sondern beschreibt ein Mehr-Faktoren-Modell. Der Fokus bei diesem Modell liegt darauf, dass nicht alle Faktoren gleich viel zur Zufriedenheit beitragen (vgl. Hölzing 2008, S. 85). Sogenannte Basisfaktoren werden von Kunden erwartet, wenn nicht sogar vorausgesetzt, und verhindern eine Unzufriedenheit beim Soll-Ist-Vergleich. Sie werden also als selbstverständlich gesehen und nicht offenkundig ausgesprochen. Begeisterungsfaktoren werden dagegen nicht erwartet, weswegen sie meist nicht von Kunden artikuliert werden. Dazu zählen beispielsweise unerwartete Extraleistungen oder besondere Produkteigenschaften. Unter Leistungsfaktoren versteht man spezielle Anforderungen von Kunden, die auch ausdrücklich benannt werden können. Je nach Erfüllung oder Nichterfüllung dieser Anforderung und individueller Erwartung sind sie für eine Kundenzufriedenheit maßgebend (vgl. Sauerwein 2000, S. 28). Mit dem Kano-Modell wird verdeutlicht, dass die kundenseitige Erwartung für den Grad der Zufriedenheit entscheidend ist. Gerade Basisfaktoren sind im Kano-Modell eine Selbstverständlichkeit und tragen nicht zu einer steigenden Zufriedenheit bei. Für Unternehmen sind die Unterschiede in Basis, Leistungs- und Begeisterungsfaktoren essentiell, um Unzufriedenheit zu vermeiden und Zufriedenheit zu steigern. Dadurch werden konkrete Kundenbedürfnisse und Anforderungen sichtbar und gestalten somit erwartungskonforme Dienstleistungen (vgl. Bailom et al. 1996, S. 119). Die zentrale Aufgabe für Unternehmen besteht in der Identifikation der Erwartungen und genauen Bedürfnissen eines jeden Kontaktpunkts, sowie einer Einordnung, um kundenorientierte Leistungen und Service zur Verfügung zu stellen.

2.2 Wachsende Kundenerwartungen als Herausforderung

Mit dem Ziel eines Unternehmens, Kundenzufriedenheit an Kontaktpunkten und durch den Service zu generieren, ist es unerlässlich, die Erwartungen und Bedürfnisse der Kunden zu ergründen. Erwartungen haben in ihrer jeweiligen Ausprägung einen relevanten Einfluss auf die Zufriedenheitsbeurteilung und bilden die Grundlage für das zu erwartende Soll von Kunden. Da sich dies als dynamisches Konstrukt versteht und sich aus verschiedenen Faktoren zusammensetzt, wird dies hier im Einzelnen in den aktuellen Kontext gestellt (vgl. Robledo 2001, S. 27).

In der Literatur finden sich verschiedene Ansätze, um die Einflussfaktoren auf die Kundenerwartungen zu kategorisieren. Dabei werden nicht nur auf das Unternehmen bezogene Faktoren betrachtet, sondern auch weitergehende Einflüsse anderer Unternehmen und Erfahrungen (vgl. Gupta/Stewart 1996, S. 254 f.). Folglich lassen sich die verschiedenen Faktoren in zwei Kategorien einteilen. Auf der einen Seite die persönlichen Bedürfnisse und auf der anderen Seite die normativen leistungsbezogenen Erwartungen (vgl. u. a. Bruhn/Richter/Georgi 2006, S 117; Gupta/Stewart 1996, S. 250 f.). Beginnend mit den persönlichen Bedürfnissen formen eigene Werte und Normen, die persönliche Situation oder ein zu lösendes Problem, eine Erwartungshaltung. Entscheidend sind auch die verfügbaren Alternativen an anderem Service, wie auch besondere Umstände, beispielsweise eine dringende und unaufschiebbare Notsituation (vgl. Van Thai 2015, S. 149). Da alle bisher beschriebenen Komponenten sehr individuell, von jedem einzelnen Kunden abhängig und nur bedingt beeinflussbar sind, liegt der Fokus im weiteren Verlauf der Arbeit vor allem auf der zweiten Kategorie, den dienstleistungsseitigen Aspekten. Bei dieser Kategorie versprechen unternehmensseitige explizite Inhalte in Form von Werbung, Serviceversprechen oder Verträgen bestimmte Werte. Hier werden dem Kunden offenkundig die normativen unternehmerischen Werte oder Ziele aufgezeigt. Darüber hinaus kommunizieren auch implizite unternehmensseitige Versprechen, wie viel der Kunde erwarten kann. Dazu zählt beispielsweise der Preis, welcher eine indirekte Wertung impliziert (vgl. Zeithaml et al. 1993, S. 5). Ein weiterer Treiber ist in diesem Zusammenhang vor allem der äußere Einfluss, der in Form von vergangenen Erfahrungen oder auch durch Berichte Dritter eine erwartungsbildende und verändernde Funktion hat (vgl. Fruchter 2021, S. 5 f.). Der äußere Einfluss ist dabei nicht auf die gleiche oder ähnliche Branche beschränkt. Es zählen vergangene Erfahrungen aus anderen Lebensbereichen und Situationen, die eine Erwartung prägen. Dies führt unter anderem bei der Erwartungsformung zur Integration der Service und Erlebnisse von Google, Amazon, Apple oder Facebook (vgl. N'Goala, et al., 2019, S. 1 f.). Die beispielhaft aufgezeigten global agierenden Unternehmen werden somit zum Maßstab für Service jeglicher Art, beispielsweise den autarken Online-Servicestellen. Das Internet und seine neuartigen Kontaktmöglichkeiten, im Vergleich zum analogen Bereich der Brief- und Telekommunikation, prägen die Kundenerwartungen in branchenübergreifender Weise. So dienen nicht nur die anfangs aufgezählten globalen Unternehmen als Vergleich. Service in allen Branchen formt die Erwartungshaltung, sodass auch Bereiche der Bildung, des Einzelhandels, des Unterhaltungssegmentes, des Lebensmitteleinzelhandels oder des Tourismus dem Einfluss des Internets unterliegen (vgl. u. a. Olsson et al. 2022, S. 3; Straker/Wrigley/Rosemann 2015, S. 112 f.). Durch diesen Einfluss entstehen oftmals neue Maßstäbe für Kontaktpunkte und Interaktionen, die Kunden zukünftig als Referenzpunkte ihrer Erwartungen definieren. Im Folgenden werden Beispiele dieser einflussnehmenden Entwicklungen dargelegt.

Der Mobile-First-Ansatz beschreibt die primäre Interaktion über das Smartphone, indem Kunden bestimmen, wann und wie sie kommunizieren möchten (vgl. Esper/Peinkofer 2017, S. 365 ff.). Diese Kommunikation zählt zum neuen Standard im Kundenservice und lässt die Erwartung an dauerhafte Erreichbarkeit und Unterstützung über verschiedene Kanäle wachsen. Kundenkontakte entstehen über verschiedene Medien, dazu zählen unter anderem Apps, Web, E-Mail-Verkehr, Chat oder auch Social-Media und fordern die Unternehmen heraus, kreative und vernetzte Lösungen im Service anzubieten (vgl. Lemon/Verhoef 2016, S. 69 f.). Die Komplexität der Kontaktpunkte steigt durch die Hinzunahme von Kanälen und Medien der Interaktion, welche Kunden voraussetzen. Die Organisation der Prozesse für Unternehmen entwickelt sich zur zentralen Aufgabe, um ein konsistentes Bild beim Kunden zu erzeugen (vgl. Larke/Kilgour/O'Connor 2018, S. 466 f.). Dazu zählen auch global agierende Konzerne wie zum Beispiel Amazon, welche durch ihren autarken Kundenservice ein konsistentes Bild transportieren und die Erwartungshaltung prägen. Sie reagieren in Echtzeit, geben Zwischennachrichten und beraten nach Bedarf auf verschiedenen Kanälen bei Rückfragen oder Problemen. Darüber hinaus bietet Amazon ein großes Angebot an digitaler Selbstbedienung, um den Bestellstatus zu prüfen oder Retouren vorzubereiten (vgl. Keblis/Chen 2006, S. 433). Die Kontaktmöglichkeiten von Amazon und weiteren Unternehmen erweiterten den Kundenservice im Allgemeinen. Darüber hinaus bietet Online-Service die Möglichkeit, ein höheres Maß an Selbstbestimmung der Kunden zu etablieren und Anliegen unabhängig von Arbeits- und Öffnungszeiten zu erledigen (vgl. Rust/ Chung 2006, S. 562). Dadurch ist diese Form des Erlebens in Servicekanälen auch in anderen Branchen maßgeblich geworden (vgl. u. a. Demirel 2022, S. 508 f.; Berg/ Knights 2022, S. 3). Durch diesen technischen Fortschritt fordern Kunden zeit- und ortsunabhängige und lösungsorientierte Möglichkeiten, welche für sich betrachtet autark und intuitiv verständlich sind. Herkömmliche analoge Kanäle werden nicht gänzlich verdrängt, vielmehr geht es darum, die neuen Interaktionsmöglichkeiten mit den bereits existierenden analogen Wegen, wie der persönlichen Beratung oder dem telefonischen Kontakt, zu integrieren. Zentral geht es um die vernetzte digitale und analoge Leichtigkeit (vgl. Röhr 2019, S. 108). Die neuen Kommunikationswege sind demnach im Einklang mit der herkömmlichen Brief- und Telekommunikation zu etablieren. Die reine Verfügbarkeit und Möglichkeit der digitalen Interaktion wird durch die Alltäglichkeit und Ubiquität vorausgesetzt und stellt somit eher einen Basisfaktor dar. Dies bietet, wie bereits beschrieben, kaum Möglichkeiten zur Steigerung der Kundenzufriedenheit. Die digitale Interaktion allein scheint damit nicht mehr ausreichend, um positive nachhaltige Kundenerlebnisse zu erschaffen und die Kundenbindung zu festigen (vgl. u. a. Kumar 2018, S. 6; Boltz/Trommsdorf 2022, S. 321 f.). Zu den Möglichkeiten, Kunden zu begeistern, zählt nicht nur die primäre Interaktion zwischen Kunden und Unternehmen, sondern die Ausgestaltung und das Zusammenwirken von allen Kanälen und Kontaktpunkten. Durch die Prägung der Erwartungshaltung in jeglichen Branchen und deren Übertragung auf andere Serviceerlebnisse gelten diese Herausforderung auch im Bereich der Krankenversicherungsbranche (vgl. Gronholdt et al. 2015, S. 91). Aus diesen Beweggründen ist die schnelle und flexible Entwicklung der technischen Möglichkeiten mit Verstärkung durch die Globalisierung eine Herausforderung für die Krankenversicherung, neue Servicedienstleistungen vom Kunden aus zu denken und mit dem bereits existierenden Service zu kombinieren.

Die beschriebene Interaktion in Form von Serviceanliegen und Kanälen bezieht sich in den bisherigen Ausführungen auf ausschließlich direkt durch den Kunden getriebene Interaktion. Die bestehenden Zusammenhänge und möglichen Serviceerwartungen dazu wurden bereits dargelegt. Dennoch gibt es eine weitere Art der Interaktion, welche an dieser Stelle erläutert wird und ebenfalls mit den dynamisch verändernden Kundenerwartungen im Zusammenhang steht. Im indirekten Sinne wird durch die vom Unternehmen ausgehende Kommunikation der Kontakt zum Kunden hergestellt. Beispiele für diese indirektere Interaktion sind, im Vergleich zur Lösung eines direkten Serviceanliegens, Mailingkampagnen im digitalen Umfeld (vgl. Dahl et al. 2018, S. 260) oder andere Marketingaktionen per Brief oder Flyer (vgl. Leußer/Hippner/Wilde 2011, S. 34). Die Zielstellung der Unternehmen dadurch ist eine Aktivierung der Kunden zum Kauf und eine gesteigerte positive Wahrnehmung und Präsenz. Dieser zweite Aspekt ist maßgeblich, da es sich hierbei um die Dienstleistungen einer Krankenversicherung und somit um kein haptisches Produkt handelt. Für eine bereits existierende Kundenbeziehung zählen Marketingkampagnen in dieser Form zu Kundenbindungsmaßnahmen und sollen eine Abwanderung verhindern (vgl. Leußer/Hippner/Wilde 2011, S. 35). Auch wenn es scheint, als hätten Kunden keine Erwartungshaltung bei einer Marketing Interaktion, so zeigen doch Studien und die Literatur, dass diese Kommunikation ebenfalls in das Konzept der Serviceerlebnisse eingeordnet wird, einen Kontaktpunkt darstellt und folglich die gesamte Einstellung zu einem Unternehmen prägt (vgl. u. a. Gummesson 2002, S. 588 f.; Grönroos/Ravald 2011 S. 13; Paul 2015, S. 5). Marketing findet parallellaufend neben den anderen Kontaktpunkten statt. Kunden selektieren bei Botschaften im Internet, sozialen Medien oder direkten Mailings von Unternehmen eigenständig, was verarbeitet wird und was nicht (vgl. Brandenberg et al. 2007, S. 65 f.). Dazu existieren im Rahmen des Konsumentenverhaltens bereits Belege dafür, dass TV-Werbung, Online-Anzeigen, Mailkampagnen, aber auch analoge Flyer oder Briefe den Kunden verärgern, sofern diese nicht abgestimmt und dosiert Kunden erreichen (vgl. u. a. Röthlingshofer 2010, S. 10 ff.; Godfrey/Seiders/Voss 2011, S. 94 f.). Ein Basisfaktor in der Erwartung ist demnach eine geplante und dosierte Ansprache der Kunden, welche in den Kontext der Beziehung passen. Mehrfach und schnell wiederkehrende Kontaktpunkte mit Marketingaspekt und simplen Präsenzzweck des Unternehmens führen sogar zur Verärgerung und somit zu einem negativen Erlebnis. Dem entgegen stehen eine individuelle Ansprache und die Vermittlung eines Mehrwertes. Sie erhöhen die Relevanz und führen kanalunabhängig zu einem positiveren Kontakterlebnis. Auch die persönliche Ansprache und der Mehrwert zählen bereits zu Basisfaktoren und werden von Kunden vorausgesetzt oder ausdrücklich gewünscht (vgl. u. a. Becker 2009, S. 83; Meffert et al. 2024, S. 440).

Betrachten Unternehmen folglich Kontaktpunkte mit Kunden, so zählen aus Kundensicht auch diejenigen hinzu, welche in Form von Massen- oder Informationsmailings an die Kunden versendet werden. Aus der Kundenperspektive heraus ist jeder Kontakt mit der Marke oder dem Unternehmen einstellungsprägend und führt zur Zufriedenheit oder Unzufriedenheit. Auch in diesem zweiten Kontext ist eine gute nahtlose Orchestrierung der Kundeninteraktion unabdingbar (vgl. Grunwald/Schwill 2017, S. 323). Die Allokation der verschiedenen direkten und indirekten Kontaktpunkte ist vor dem Hintergrund der Vielfalt an Möglichkeiten abzustimmen, um ein konsistentes Bild beim Kunden zu erzeugen. Dadurch laufen servicebezogene und marketingbezogene Kontaktpunkte ineinander. Die wachsenden Kundenerwartungen sind dynamisch und entwickeln sich vor allem durch drei maßgebliche Faktoren stetig weiter:

- technologische und neuartige digitale Entwicklungen
- Serviceerlebnisse anderer Branchen
- Vielfalt der Kontaktkanäle und Formen der Interaktion sowie zeit- und ortsunabhängige Kommunikation

2.3 Customer Relationship Management als Ausgangspunkt

Die Betrachtung der Kundenzufriedenheit und die Auswirkungen auf den Unternehmenserfolg sowie die dadurch einhergehende Relevanz der Kundenerwartung stehen im Kontext mit einer weitreichenderen Entwicklung im Bereich der Unternehmensführung. Die Entwicklung reflektiert die Verschiebung des Fokus von reinen Transaktionen hin zu langfristigen Kundenbeziehungen (vgl. Meffert/Burmann/Kirchgeorg 2014, S. 40). Im Verlauf dieses Kapitels wird der Übergang zu einer Unternehmensführung, die sich auf den Aufbau und die Pflege nachhaltiger Kundenbeziehung fokussiert, genauer untersucht.

Der Auslöser für diese Verschiebung basiert auf dem Wissen, dass erwartungskonforme Produkte und Dienstleistungen einen höheren Absatz erzielen und gleichzeitig langfristige Kundenbeziehungen bedingen, die profitabler sind als eine transaktionsorientierte kurzfristige Akquise von Kunden (vgl. u. a. Martens 2009, S. 28; Bruhn 2016, S. 4 ff.). Die Erfolgsrelevanz von langfristiger Kundenbeziehung und -bindung bildet einen Teil der inhaltlichen Unternehmensorientierung. Somit findet kein reines Verwalten und Messen von Transaktionen und Kunden statt, sondern ein zusätzliches Investment in die Pflege von Kundenbeziehung (vgl. u. a. Grönroos 1997, S. 328; Clausing 2024 S. 167). Dies bildet die Grundlage des Customer Relationship Managements, was übersetzt Kundenbeziehungsmanagement bedeutet. Wie die Begrifflichkeit andeutet, sollen die Kundenbeziehungen in Form eines Managements im Unternehmen in den Vordergrund gestellt werden.

Die Vielzahl der Definitionen eint, dass darunter eine ganzheitliche Betrachtung und Bearbeitung der Beziehung zwischen Kunden und Unternehmen verstanden wird (vgl. u. a. Gerth 2001, S. 104; Hippner/Wilde 2003, S. 6; Payne/Frow, 2005, S. 168). Dabei werden simultan auch andere Begrifflichkeiten genutzt, die im Folgenden vom Kundenbeziehungsmanagement abgegrenzt werden. Während das reine Beziehungsmanagement oder das Beziehungsmarketing häufig als Synonym verwendet werden, betrachten diese neben der Beziehung zwischen Endkunden und Unternehmen auch die der vorgelagerten Märkte oder Lieferanten (vgl. u. a. Diller 1995, S. 442; Berry 1983, S. 25; Leußer/Hippner/Wilde 2011, S. 19). Ein anderer parallel genutzter Begriff ist das Kundenbindungsmanagement, welcher sich lediglich auf den bereits existierenden Kundenbestand bezieht (vgl. Homburg/ Bruhn 2005, S. 8). Im Gegensatz zu den drei genannten Begrifflichkeiten konzentriert sich das Customer Relationship Management auf den jeweiligen Endkunden und betrachtet darüber hinaus die Anbahnung eines potentiellen Kunden genauso wie den Bestandskunden.

Damit verbundene Ziele sind demnach die Akquise von rentablen Kunden, die anschließende Kundenbindung und der übergeordnete langfristige Unternehmenserfolg (vgl. u. a. Gerth 2001, S. 104; Leußer/Hippner/Wilde 2011, S. 18). Dabei ist die Bindung in besonderer Weise in Bezug auf die kognitive und emotionale Komponente zu berücksichtigen und stellt die Kundenzufriedenheit mit den zu erfüllenden Kundenerwartungen in den Vordergrund. Dies bezieht sich demnach auf die Beziehung zwischen Kunden und Unternehmen und weniger auf die vertragliche Gebundenheit (vgl. Becker/Daschmann 2015, S. 96).

Die abschließende Definition des Customer Relationship Managements ist folglich die ganzheitliche Ausrichtung jeglicher Unternehmensaktivitäten auf die Akquise und das langfristige Bestehen von profitablen Kundenbeziehungen zwischen Endkunden und Unternehmen.

Viele Interpretationen des Begriffs legen dafür einen Fokus auf die technische Komponente und die Nutzung der Daten, um eine lückenlose Sicht auf den Kunden zu erhalten und die Beziehung zu verwalten. Dadurch wird Kundenbeziehungsmanagement in der Praxis häufig mit der Einführung eines Customer Relationship Management Systems gleichgesetzt. Dieses betrachtet lediglich die technische Umsetzung durch Erfassung der Daten (vgl. u. a. Kumar/Reinartz 2018, S. 35; Hippner/Wilde 2003, S. 7). Das anfänglich technische Verständnis zum Management der Kundenbeziehungen erweitert sich, da die Auswertung der Daten weitreichendere Auswirkungen in Richtung Kundenbelange und Prozessoptimierung offenlegt. Für eine ganzheitliche Sichtweise erfordert es die tiefergehende Analyse der Kundenwünsche, der Erwartungen und Zufriedenheitstreiber (vgl. Walter 2003, S. 53). Im Zuge dieser Entwicklung nimmt die Orientierung an den Bedürfnissen und Sichtweisen der Kunden stetig zu, damit in den beziehungsrelevanten Interaktionen die Erwartungen erfüllt werden und sich so Kundenzufriedenheit in der Beziehung verstetigt. Die sogenannte Kundenorientierung ist ein Initiator, um Kundenbeziehungen bestmöglich zu pflegen und auszubauen. Jegliche Kontaktpunkte, Entwicklungen von Produkten, Marketingmaßnahmen oder Serviceprozesse versuchen dabei, den Kunden in den Mittelpunkt des Handelns zu stellen und seine Bedürfnisse zu befriedigen (vgl. Staudacher 2021, S. 14).

Auch wenn bisher einseitig davon ausgegangen wird, dass loyale Kunden ein Treiber für Unternehmenserfolg sind, können im Rahmen der ganzheitlichen Betrachtung auch kostenintensivere Kunden identifiziert werden. Damit sind ressourcenverbrauchende Kunden mit geringer oder keiner Kaufkraft gemeint. Diese Erkenntnis lässt beim Kundenbeziehungsmanagement die Vertiefung der

Kundenwertbetrachtung zu, die erneut die ganzheitliche Sichtweise auf Kundenbeziehungsebene verlangt und sich auf die Komponente der profitablen Kundenbeziehungen bezieht (vgl. Koller/Zauner/Floh 2011, S. 77 f.). Das Ziel besteht darin, die langfristig rentablen Kunden zu identifizieren, um die Allokation der unternehmerischen Aktivitäten zur Neukundenakquise und Kundenbindung gezielt zu planen und begrenzte Unternehmensressourcen effizient einzusetzen (vgl. Gerth 2001, S. 104). Die Ausrichtung auf profitable Kundenbeziehungen zum weiteren Unternehmenserfolg wird in dieser wissenschaftlichen Arbeit nicht näher betrachtet, auch sollen keine Kundenwertrechnungen erstellt werden. Dennoch ist die Weiterempfehlung durch positive und zufriedene Kunden und damit einhergehend die Präsenz nach außen ein Bestandteil des Kundenwerts und passend zum Zielbild dieser Arbeit. Zufriedene Kunden teilen dies mit potentiell anderen, stellen damit einen Aspekt des Kundenwertes dar und wirken sich positiv in Richtung der Neuakquise aus (vgl. Hippner/Wilde 2006, S. 26 f.). Bereits im Marketing werden Kampagnen abhängig des erwähnten Kundenwerts zur Gewinnung und Bindung von Kunden selektiert und gestaltet. Die erhobenen Daten aus dem Unternehmensbestand sowie die Kombination mit weiteren Marktbeobachtungen ergeben eine richtungsweisende Funktion für Marketingmaßnahmen. Dabei werden kundenspezifisch und bedarfsorientiert der Kanal und das Marketinginstrument festgelegt (vgl. Schaller/Stotko/Piller 2006, S. 124). Marketing ist damit ein weiterer Bestandteil, welcher die rentablen Kunden selektiert und Kontaktpunkte mit dem Zweck der Kundenbindung schafft (vgl. Esch/Kochann/Tabillion 2019, S. 954 f.). Die Kundenwertbetrachtung zählt demnach zu einem weiterführenden Forschungsgegenstand. Grundlegend soll in dieser Arbeit jedoch zuerst die Existenz von Customer Relationship Management Ansätzen in der Unternehmensführung von Krankenversicherungen begründet werden. Alle Prozesse werden von Mitarbeitern im Service ausgeführt und durchlaufen verschiedene Abteilungen innerhalb des Unternehmens. Die erwähnte Auseinandersetzung mit Kundenbedürfnissen in allen Fällen sowie der Identifikation der Treiber von Kundenzufriedenheit sind dabei unabdingbar. Außerdem zeigen die Interaktionen Verhaltensmuster auf und geben Rückschlüsse auf ein mögliches zukünftiges Verhalten wie den Wiederkauf oder die mögliche Abwanderung (vgl. u. a. Bruhn 2016, S. 16; Taherdoost 2023, S. 238). Sie ergeben für Unternehmen nicht nur einen ganzheitlichen Aufschluss über ihre Kunden im Bestand, sondern auch aufschlussreiche Erkenntnisse über die Bedürfnisse neuer Kunden. Auf diese Weise kann das Wissen bestmöglich eingesetzt werden, um positive kundenorientierte Prozesse zu schaffen und schlussendlich Kundenbindung zu bewirken (vgl. u. a. Tuominen et al. 2023, S. 482; Staudacher/Nyholm 2019, S. 2). Dieses Ziel kann nur durch gut aufeinander abgestimmte Prozesse und einen durchgängigen Informationsfluss erfolgen. Im Umkehrschluss ist die gesamte Unternehmensablauforganisation auf die integrierte IT-Vernetzung angewiesen. Dem folgend erweitert sich der Begriff neben der eigentlichen Erfassung dieser Abläufe um die Relevanz von kundenorientierten Unternehmensprozessen und deren Organisation. Der Einfluss von Mitarbeitern innerhalb der Prozesse verdeutlicht, dass ein Kundenbeziehungsmanagement in der angestrebten Unternehmensführung auch in Richtung der Unternehmenskultur zu entwickeln ist (vgl. Zondler 2008, S. 514).

Zusammenfassend entwickelt sich der Begriff des Customer Relationship Managements dynamisch weiter und verändert sich vom anfänglichen technischen Lösungsweg zu einem kundenorientierten Ansatz der Unternehmensführung. Durch ein integriertes Kundeninformationssystem können rentable Kunden bestmöglich identifiziert und der Versuch der Kundenbindung unternommen werden. Dabei ist vordergründig der Zusammenschluss und die Symbiose aus den drei übergreifenden Bereichen des Marketings mit der Selektion und Ansprache der Kunden, der IT-Systeme zur Erfassung sowie Übermittlung der Informationen und der darauf ausgerichteten Geschäftsprozesse zu betrachten. Diese können nicht losgelöst von der Unternehmensstrategie, der jeweiligen Kultur und damit einhergehend der unternehmerischen Organisation und den Mitarbeitenden existieren. Nur durch die ganzheitliche Betrachtung aller Komponenten kann ein erfolgreiches Customer Relationship Management erfolgen.

2.4 Weiterentwicklung zum Customer Experience Managements

Das Customer Relationship Management hat in seinen drei Departments Marketing, IT und Prozesse die Fokussierung auf die Pflege von Kundenbeziehungen, die kundenorientierten Interaktionen und die Steigerung der Kundenzufriedenheit gelegt und damit eine zentrale Rolle in der Unternehmensführung vieler Organisationen eingenommen. Während dies einen wichtigen Beitrag zur Entwicklung kundenorientierter Ansätze leistet, ist die fortschreitende Digitalisierung und die zunehmende Bedeutung von Kundeninteraktionen über verschiedene Kanäle ein Impulsgeber für eine Weiterentwicklung dieses Konzepts. Die Übersichtlichkeit aller Kontaktpunkte in der Kundenhistorie wird komplexer (vgl. Larke/Kilgour/O'Connor 2018, S. 465). Hinzu kommen sich dynamisch entwickelnde Kundenerwartungen aus jeglichen Branchen und betonen die Notwendigkeit, nicht nur die einzelnen Interaktionen zwischen Unternehmen und Kunden zu fokussieren, sondern vielmehr das gesamte Erlebnis zu betrachten (vgl. Bruhn/Hadwich 2012, S. 5). Dieser Wandel hat zur Entstehung des Customer Experience Managements geführt, das eine Erweiterung des traditionellen Kundenbeziehungsmanagement darstellt. Kunden erwarten nahtlose und konsistente Erlebnisse über alle Touchpoints, unabhängig von online, mobilen und persönlichen Kontakten oder zusätzlich über die sozialen Medien (vgl. Lemon/Verhoef 2016, S. 69 f.). Dabei wird nicht nur eine hohe Produkt- oder Servicequalität vorausgesetzt, sondern auch eine positive Gesamterfahrung angestrebt, die Bedürfnissen und Wünschen entspricht. Als erweiterte Erkenntnis geht es nicht alleinstehend um die funktionale Ebene von Prozessen, sondern auch um die emotionale Komponente der Kunden. Daher ist nicht nur die Verbesserung und Qualität der Produkte oder Dienstleistungen ein Ziel, sondern auch die Optimierung von Interaktionen und Erfahrungen, die Kunden mit einem Unternehmen machen (vgl. Mayer-Vorfelder 2012, S. 135). Aus diesem Grund erkennen Unternehmen zunehmend, dass die Schaffung herausragender Kundenerlebnisse als Erweiterung des Kundenbeziehungsmanagements zur Kundenbindung und -loyalität beiträgt und langfristig den Unternehmenserfolg sichern kann. Es wird im Folgenden untersucht, wie diese neuen Ansätze in Geschäftsstrategien integriert und differenzierte Kundenerlebnisse gestaltet werden.

2.4.1 Definition und Ziele des Customer Experience Managements

Der Ansatz des Customer Experience Managements ist als Form der Weiterentwicklung des Kundenbeziehungsmanagements durch ähnliche Strukturen geprägt. Es wird mit Hilfe eines ganzheitlichen Ansatzes versucht, durch kundenorientierte Interaktion zur langfristigen profitablen Kundenbeziehung beizutragen. Diese Beziehung entwickelt sich entlang der verschiedenen Kontaktpunkte (vgl. Lemon/Verhoef 2016, S. 69). Jede direkte und indirekte Gelegenheit bietet die Möglichkeit, positive Erfahrungen der Kunden mit dem Unternehmen zu prägen. Die Besonderheit, die das Customer Experience Management von Customer Relationship Management abgrenzt, ist die Erkenntnis, dass alle Interaktionen, Kontaktpunkte, Werbemaßnahmen, aber auch Reklamationen oder Beschwerden im Verbund zu verstehen sind und somit ein zusammenhängendes Erlebnis für Kunden darstellen (vgl. Dwyer/Schurr/Oh 1987, S. 15 ff.). Bei der reinen Konzentration auf einzelne Prozessanpassungen oder für sich betrachtete Einzelinteraktionen, wie einer Kampagne zur Kundenbindung, kommt es zu Herausforderungen. Einzeln betrachtete Prozesse können für sich alleinstehend nach Kundenbedürfnissen ausgerichtet und optimiert sein (vgl. Homburg/Jozić/Kuehnl

2017, S. 398). Die individuelle Kombination aus mehreren Kontaktpunkten über verschiedene Kanäle kann jedoch zu einer Diskrepanz mit anderen Erlebnissen in dem gleichen Unternehmen führen. So können unterschiedliche Touchpoints kein konsistentes Bild bei Kunden hervorrufen (vgl. Kreutzer 2021, S. 20). Es gilt, jegliche Möglichkeit, mit denen Kunden in den Kontakt zum Unternehmen treten, zu identifizieren, unabhängig davon, ob es sich um einen online oder offline Kanal handelt. Kunden entscheiden durch die vermehrten Angebote und digitalen Varianten individuell über ihren Kommunikationsweg zu Unternehmen. Dennoch sollen sie überall zu gleichen Ergebnissen und Erlebnissen kommen. Ein erstes übergeordnetes Ziel besteht demnach darin, dass jeder Kanal und jedes Medium ein dem Unternehmen entsprechendes und einheitliches Ergebnis hat und Stimmigkeit transportiert (vgl. Gentile/Spiller/Noci 2007, S. 405).

Im Zusammenhang mit den Kundenerwartungen an eine zeit- und ortsunabhängige sowie nahtlose Kommunikation ist ein Fokus des Customer Experience Managements, ein störungsfreies und gradliniges Erlebnis zu bieten. Das Unternehmen ist angehalten, die dafür notwendige interdisziplinäre Zusammenarbeit zwischen allen Kanalverantwortlichen und Fachbereichen zu orchestrieren und ein geeintes Verständnis für die Kundenbewegung durch das Unternehmen zu erstellen (vgl. Kilian/Kreutzer 2022, S. 131). Alle Touchpoints müssen als Einheit interne sowie zum Kunden hin gerichtete externe Abläufe erfassen. Im Sinne der Customer Journey Betrachtung werden kundenseitig keine Unterschiede zwischen dem Front- und Back-Offices gemacht. Auch wird nicht zwischen direkten Kontakten über Servicepersonal oder indirekten Kontakt über Marketingmaßnahmen differenziert (vgl. Brakus/Schmitt/Zarantonello 2009, S. 53). Das Erlebnis bei einem Kauf oder die Lösung für ein Serviceproblem soll aus Kundensicht vom Beginn bis zum Ende funktionieren, davon unabhängig, wie viele verschiedene Abteilungen, unterschiedliche Prozessschritte oder Menschen daran beteiligt sind (vgl. Manß/Stehr 2024, S. 191). Die Optimierung von Kundenprozessen und -interaktionen trägt ebenfalls dazu bei, die operative Effizienz des Unternehmens zu steigern. Effiziente und reibungslose Abläufe führen zu geringeren Kosten, kürzeren Bearbeitungszeiten und einer insgesamt verbesserten Leistungsfähigkeit des Unternehmens (vgl. Homburg/Jozić/Kuehnl 2017, S. 398). Da in dieser wissenschaftlichen Arbeit der Fokus auf die Endkunden und deren Erlebnis gerichtet ist, wird auf die Effizienzsteigerung als solche nicht näher eingegangen. Es bleibt festzuhalten, dass die positiven Auswirkungen eines ganzheitlichen Managementansatzes der Kundenerlebnisse weitreichende Wirkung zeigen. Damit verbunden ist die weitere Zielstellung durch Customer Experience Management und nahtlose Abläufe eine Kundenzufriedenheit bis hin zu einer Kundenbegeisterung zu erlangen und somit die emotionale Kundenbindung deutlich zu stärken (vgl. u. a. Gentile/Spiller/Noci 2007, S. 404; Holland/Ramanathan 2018, S. 344). Da Erfahrungen subjektiv und ähnlich den Kundenanforderungen von äußeren Faktoren und Einflüssen abhängig sind, zählt nicht nur die Funktionalität und die reine Aktivität des Austausches, sondern auch die emotionale Komponente (vgl. Novak/Hoffmann/Yung 2000, S. 22). Ziel ist eine individuelle sowie positive Wahrnehmung jeder Interaktion. Kunden sollen sich auf ihrem persönlichen Weg zurechtfinden und Anliegen nach ihren Bedürfnissen erledigen können. Im Kausalzusammenhang zwischen müheloser Interaktion und Bedürfnisbefriedigung stärken diese Faktoren ein konsistentes und positives Image von Unternehmen und ermöglichen wichtige Vorteile im Wettbewerb (vgl. Schmitt/Mangold 2004, S. 22). Unternehmen, die herausragende Kundenerlebnisse bieten, können sich von ihren Wettbewerbern differenzieren und einen Wettbewerbsvorteil erlangen. Gerade im Kontext der Mannigfaltigkeit von Angeboten an Produkten und Dienstleistungen, ist es die Interaktion, der Service und schlussendlich das Erlebnis von Kunden, welches über eine Wechselbereitschaft entscheidet (vgl. Bruhn/Hadwich 2012, S. 7). Kunden sind bei qualitativ hochwertigen Erlebnissen weniger anfällig für Angebote von Mitbewerbern. Vornehmlich bei Dienstleistungen ist dies von besonderer Wichtigkeit, da sie durch ihre Immaterialität bestimmt und vom Austausch zwischen Kunden und Unternehmen abhängig sind (vgl. Helmold 2023, S. 91 f.). Zusammenfassend ist das Customer Experience Management als eine Weiterentwicklung des Kundenbeziehungsmanagements für kundenorientierte Optimierungen von Prozessen aus Kundensicht zu betrachten. Dabei werden ganze Prozessabläufe vom Anfang bis Ende im Zusammenhang betrachtet und beleuchten die Wege der Kunden in Form der unterschiedlichen Touchpoints. Das Gesamtbild aller Touchpoints schafft das Kundenerlebnis und hat das Ziel, positive Emotionen wie Zufriedenheit oder Begeisterung beim Kunden hervorzurufen. Der Ansatz ist dadurch kundenbindungsfördernd und erzielt bei erfolgreicher Umsetzung zusätzlich eine Differenzierung zum Wettbewerb.

2.4.2 Touchpointmanagement als Werkzeug erfolgreicher Customer Experience

Ausgehend von den Kundenerwartungen sind reibungslose und konsistente Erlebnisse über alle Berührungspunkte hinweg ein Basisfaktor. Hierbei ist es unerheblich, ob es sich um online, mobile oder persönliche Konsultation handelt. Es werden dabei nicht einzelne Prozesse verwaltet, sondern kundenerlebnisorientiert gearbeitet. Um das zu erreichen, sind alle verfügbaren Kanäle und Touchpoints zu identifizieren und harmonisch zu koordinieren, damit das Erlebnis ganzheitlich optimiert wird (vgl. Stein/Ramaseshan 2016, S. 9). Durch die Zunahme an Komplexität in der Kommunikation, bedingt durch verändertes Informations- und Kommunikationsverhalten sowie ein Zusammenwachsen von online und analogen Kontaktpunkten, beschreibt dies eine neue Herausforderung für Unternehmen (vgl. Lemon/Verhoef 2016, S. 69). In diesem Kontext gewinnt das Touchpointmanagement zunehmend an Bedeutung, da es Unternehmen dabei unterstützt, positive und bedeutungsvolle Kundeninteraktionen entlang der gesamten Kundenreise zu kreieren. Es identifiziert wichtige Kontaktpunkte und extrahiert die daraus relevanten Informationen über Kunden, um ein tieferes Verständnis zu erhalten (vgl. Steinhoff et al. 2019, S. 374 f.). Als ein Touchpoint oder Kontaktpunkt wird eine Berührung sowie eine Interaktion zwischen Kunde und Unternehmen definiert, die vor dem Kauf oder nach Kaufabschluss eines Produktes oder einer Dienstleistung stattfindet. Kunden erwarten an den jeweiligen Berührungspunkten die gewünschten Informationen in entsprechender Form präsentiert (vgl. u. a. Schüller 2012, S. 148; Hannig 2021 S. 246). Wichtige und relevante Touchpoints sind vornehmlich diejenigen, welche in einem hohen Volumen auftreten oder besondere Emotionalität hervorrufen, wie beispielsweise Enttäuschung (vgl. Hogan/Almquist/Glynn 2005, S. 14). Datenpunkte aller Art liefern mit verschiedenen Fragestellungen aus Kundensicht erste Erkenntnisse. Es bietet sich dabei an, alle auftretenden Kontaktpunkte zu sammeln und zu ordnen. So erhalten Unternehmen ein Bild über die häufigsten und relevantesten Touchpoints, die Kunden durchlaufen (vgl. u. a. Keller/Ott 2018, S. 144 ff.; Halb/Seebacher 2021, S. 659 f.).

Das entstehende Konstrukt ergibt Aufschlüsse über das Interaktions- und Kommunikationsverhalten von Kunden und analysiert im ersten Schritt den Ist-Zustand. Durch die Auflistung hat das Unternehmen vielfach die Möglichkeit, den Kunden und seine Bedürfnisse kennenzulernen (vgl. Payne/Frow 2005, S. 172). Berührungspunkte und Interaktionen haben durch ihren verschiedenen emotionalen Wert eine unterschiedliche kundenseitige Anforderung. Es liegt in der Auseinandersetzung mit verschiedensten Auswertungen an Daten, Beschwerden, Feedback von Kunden oder anderweitigen Hintergründen, die dabei helfen, die richtigen Informationen und Prozesse für Kunden zu transportieren (vgl. u. a. Halb/Seebacher 2021, S. 662 ff.; Baidya/Maity/Goswami 2023, S. 2158). Im Prozess dieser Analysephase werden negative Erlebnisse, in denen Bedürfnisse nicht getroffen werden oder sogar Beschwerdepotential auftritt, offensichtlich. Diese gilt es im nächsten Schritt des Touchpointmanagements zu eliminieren und den optimalen Soll-Prozess zu entwickeln (vgl. Schüller 2012, S. 159 ff.). Mit Hilfe der Bedürfnisse und Kontaktpunktdaten der Kunden kann so ein informationsgestütztes Handeln entstehen, welches aus Kundensicht Prozesse durchläuft und ineinander übergehende Erlebnisse schafft.

Der Verbund aller Berührungspunkte wird auch als Customer Journey, zu deutsch Kundenreise, beschrieben und bildet die nacheinander folgenden Interaktionen von Kunde und Unternehmen ab (vgl. Lemon/Verhoef 2016, S. 69). Besonders deutlich wird dies bei Unternehmen mit Dienstleistungen, die durch die Interaktion als ihr Geschäft repräsentiert werden. Jeder Eindruck entlang der Customer Journey verdichtet das Gesamtbild. Durch die Operationalisierung im Touchpointmanagement und das Aufzeichnen der Kundenreise als solche werden die wichtigsten Prozesse des Dienstleisters sichtbar und können auf die Bedürfnisse und Erwartungen der Kunden angepasst werden. Außerdem ermöglicht diese Methode die Schmerzpunkte oder einflussreichen Momente aufzuzeigen, die bei Kunden besonders präsent und relevant sind (vgl. Hogan/Almquist/Glynn 2005, S. 11). Auch wenn die Aufeinanderfolge der Kontaktpunkte nicht gradlinig und bei jedem Kunden gleich verläuft, so ist es die hiesige Aufgabe, ein reibungsloses Erlebnis der Kunden, mit den daraus resultierenden Berührungspunkten, zu garantieren. Dadurch verbessert sich nicht nur die allgemeine Zufriedenheit mit den Prozessabläufen, sondern zusätzlich der Aufbau der emotional geprägten Kundenbeziehung (vgl. Manser Payne/Peltier/Berger 2017, S. 17).

Diese Vorgehensweise wird auch als Kundenzentrierung bezeichnet und geht über die ursprüngliche Kundenorientierung hinaus. Sie grenzt sich dadurch ab, dass nicht nur die reine Bedürfnisbefriedigung ein Ziel ist, sondern Kundenbegeisterung als Zielstellung maßgebend ist. Somit kann es als Steigerung der Kundenorientierung gesehen werden (vgl. Bruhn/Hadwich/Saleschus 2023, S. 112 ff.). Während bislang eher auf die Basisfaktoren in Form von Abläufen eingegangen wurde, hat die kundenzentrierte Prozessoptimierung einen weiteren Vorteil. Durch das daraus resultierende Wissen über Kunden besteht die Möglichkeit, auch Begeisterungsfaktoren zu entwickeln und eine individualisierte Kommunikation zu fördern (vgl. Rust/Huang 2014, S. 209). Die eigentlich anonymisierte Kommunikation über E-Mail-Kontakt oder andere Online-Kanäle vermenschlicht sich ein Stück weit und überbrückt auf diese Weise auch emotionale Distanzen. Dies schafft Vertrauen und kann darüber hinaus die Beziehungsqualität verstetigen (vgl. Kießig/Lohmann/Zanger 2020, S. 369 f.). Besonders sensible und potentielle Risiken werden bereinigt. Die Ist-Analyse identifiziert negative Determinanten der Prozesse und ermöglicht Veränderungen (vgl. McKechnie/Grant/Shabbir Golawala 2011, S. 160). Touchpointmanagement erfordert durch den kundenzentrierten Ansatz auch die Auseinandersetzung mit emotionalen Bestandteilen, die ein eindrucksvolles und positives Image transportieren und das ganzheitliche Erlebnis der Kunden prägen. Ziel ist dabei Kundenbegeisterung zu erzielen und die Kundenbindung zu festigen (vgl. Löffler/Gouthier 2017, S. 55).

2.4.3 Touchpointindikationen bei Krankenversicherungsunternehmen im Service

Mit der gerade begonnenen Diskussion über die verschiedenen Arten und auch die Gewichtung der Kontaktpunkte bei Kunden werden in diesem Abschnitt die verschiedenen Abstufungen von Kommunikation bei Dienstleistern, insbesondere bei Versicherungsunternehmen, untersucht. Im Anschluss wird die Ausarbeitung in Zusammenhang mit dem eben vorgestellten Vorgehen zum Aufbau eines ganzheitlichen Touchpointmanagements und der Analysemöglichkeit gebracht. Damit wird eine erste Ableitung zum möglichen und idealen Vorgehen nach der recherchierten Theorie verfolgt.

Das Geschäftsmodell der Krankenversicherung wird vom Service dominiert. Den oberen Abschnitten folgend ist es jedoch nicht der isolierte Servicekontakt, der eine Beziehung prägt, sondern der Verbund aller Berührungspunkte mit dem Unternehmen. Die veränderten kundenseitigen Anforderungen, die sich dynamisch weiterentwickeln, platzieren das Touchpointmanagement für diese Form von Unternehmen in den Mittelpunkt der Unternehmensführung (vgl. Halvorsrud/Kvale/Folstad 2016, S. 859 f.). Die Unterteilung in die verschiedenen Kontaktpunkte benötigt vorerst die Aufteilung der verschiedenen Möglichkeiten an Interaktion. Zu Beginn lässt sich der direkte vom indirekten Kontakt unterscheiden. Ersterer bezieht sich auf die vom Kunden initiierten Anfragen und Kontaktaufnahmen zum Unternehmen gleicherweise, wie die vom Unternehmen ausgehende Kommunikation durch Briefe, E-Mails oder Anrufe. Diese Art der Interaktion basiert auf einer funktionalen Ebene und ist gerade bei Dienstleistungen deren eigentliches Produkt (vgl. Straker/Wrigley/Rosemann 2015, S. 122). Die indirekte Kommunikation besteht durch vom Unternehmen platzierten Werbemaßnahmen und Präsenz ohne direkte Kontaktversuche, also eine durch das Unternehmen kontrollierte indirekte Kommunikation (vgl. De Keyser et al. 2020, S. 439 f.). Das technologische Informationsverhalten vom Kunden sowie die zunehmende Rolle der sozialen Medien und der damit verbundene User Generated Content ist eine weitere indirekte Quelle der Kommunikation. Diese Interaktion ist in der Übersetzung der von Nutzern generierte Inhalt und unterliegt grundsätzlich nicht der Kontrolle von Unternehmen (vgl. Schneider

2013, S. 17). Da in dieser Arbeit vordergründig die Forschung der Handlungsspielräume der Krankenversicherungen im Mittelpunkt steht, wird auf den User Generated Content nicht weiter eingegangen.

Für den weiteren Verlauf ist die primäre Tatsache wichtig, dass positive Erlebnisse auch weitergegeben werden und dem Unternehmen zu indirekten Berührungspunkten mit potentiellen Kunden verhelfen. Dies verdeutlicht erneut, wie wichtig Touchpointmanagement für Krankenversicherungen ist. In diesem Kontext besteht vor allem in dem sensiblen Thema der Gesundheit in der Krankenversicherungsbranche eine verstärkte Vorsicht und Empathie bei Ausgestaltung der Kontaktpunkte (vgl. Kulinski/Dietrich 2024, S. 453). Gründe für die Kontaktaufnahme seitens der Kunden sind vielfältig und erfolgen doch in den meisten Ausprägungen aufgrund eines eingeschränkten Gesundheitszustands, einer akuten Erkrankung oder einer zu lösenden Herausforderung im Sozialversicherungskontext. Ausschlaggebend dafür ist die Versicherungsleistung. Krankenversicherungen treten vor allem kurativ ein und decken Behandlungen im Falle einer Krankheit ab (vgl. Schäfer et al. 2023, S. 57). Dies erfordert in erster Linie eine emotionale Komponente und verdeutlicht die Sensibilität der Kunden in diesem Zusammenhang. Daraus ableitend bedarf es einer stärkeren Fokussierung auf die Kundenbedürfnisse, vor allem in der direkten Interaktion. Durch den Dienstleistungscharakter der Krankenversicherung, die sich vor allem durch den Service und die Unterstützung im Krankheitsfall auszeichnet, werden vor allem die vom Unternehmen kontrollierbaren Prozesse im direkten Austausch mit Kunden erforscht. Auf Leistungsanträge folgen Genehmigungen oder Ablehnungen, auf Serviceanfragen folgen Reaktionen und Antworten. Jede direkte Kontaktaufnahme resultiert somit in einen weiteren direkten Kontakt durch das Unternehmen. Die indirekte Kommunikation darf dabei keinen Gegensatz darstellen oder konträr zu Serviceprozessen laufen, da nach außen hin stets ein konsistentes Bild im Vordergrund stehen muss. Trotzdem werden vor allem die Serviceleistungen und Interaktionen in diesem Zusammenhang durchdrungen. Zusammengefasst sind Kontaktaufnahmen eher von negativen Ereignissen und Emotionen geprägt und besonderer Empathie unterstellt. Die verschiedenen Kanäle und Möglichkeiten erschweren die Übersichtlichkeit und Transparenz. Dies erfordert einen ganzheitlichen Ansatz des Touchpointmanagements, da dieser beispielsweise durch das entstehende Konstrukt aller Touchpoints dabei unterstützt, relevante Interaktionen zu identifizieren und einzuordnen.

2.5 Entwicklung eines Theorierahmens als Grundlage der empirischen Untersuchung

Im Rahmen der Untersuchung der Literatur ist festzustellen, dass die grundlegende Basis für Kundenzufriedenheit im Unternehmen das Kennen und Treffen der Kundenerwartungen und Bedürfnisse ist. Das Ziel, Kundenzufriedenheit zu erlangen, steht stark im Zusammenhang mit dem Bestreben nach emotionaler Kundenbindung. Ein Unternehmen kundenbedürfnisorientiert auszurichten und alle Unternehmensaktivitäten auf die Akquise und den Erhalt von profitablen Kundenbeziehungen zu legen, erfordert den Zusammenschluss von Prozessen, Marketing und IT-System. Das beschriebene Customer Relationship Management legt den Fokus darauf Kundenbeziehungen zu verwalten. Dabei ist es nicht ausreichend, eine lückenlose Datenhistorie zu schaffen, vielmehr ist es die Integration und Ausrichtung einer kundenorientierten Unternehmenskultur. Die sich dynamisch weiterentwickelnden Kundenerwartungen verschärfen diesen Gedanken einer kundenorientierten Unternehmenskultur. Es wird nicht die einzelne Prozessoptimierung angestrebt, sondern ein ganzheitlicher Fokus auf das jeweilige Kundenerlebnis gelegt. Vor allem bei Dienstleistungsunternehmen kommt dies zum Tragen.

Die Weiterentwicklung beinhaltet ein nahtloses und konsistentes Erlebnis über alle Kontaktpunkte hinweg und zentriert die kundenseitige Sichtweise innerhalb der Unternehmen. Erst das sogenannte Customer Experience Management schafft durch Vernetzung aller Kanäle und Kontaktpunkte ein vollständiges Bild. Diese konsolidierten Erkenntnisse zeigen die Relevanz von Touchpointmanagement als einem Instrument des Customer Experience Managements auf. Es identifiziert und ordnet relevante Interaktionen ein. Für Krankenversicherungsunternehmen stellt dies einen bedarfsgerechten Service und kundenorientierte Reaktionen auf sensible Inhalte sicher. Das Ziel ist dabei eine ganzheitliche und positive Außenwirkung beim Kunden zu erzeugen, die Sicherheit im Bedarfsfall vermittelt und Hilfsbereitschaft signalisiert. Gleichzeitig werden risikobehaftete Touchpoints untersucht und die Möglichkeit geschaffen, nicht nur Basisfaktoren umzusetzen, sondern auch Kundenbegeisterung zu generieren.

Vor diesem Hintergrund zeigt die Theorie, dass auf diese Weise Kundenbegeisterung entstehen kann, die sich positiv auf die langfristige Kundenbindung auswirkt. Um die Erkenntnisse in einen Theorierahmen einzuordnen und eine Grundlage für die weitere wissenschaftliche Arbeit zu erstellen, werden im Folgenden diese Kausalzusammenhänge grafisch aufbereitet in der Abbildung 2.1 dargestellt.

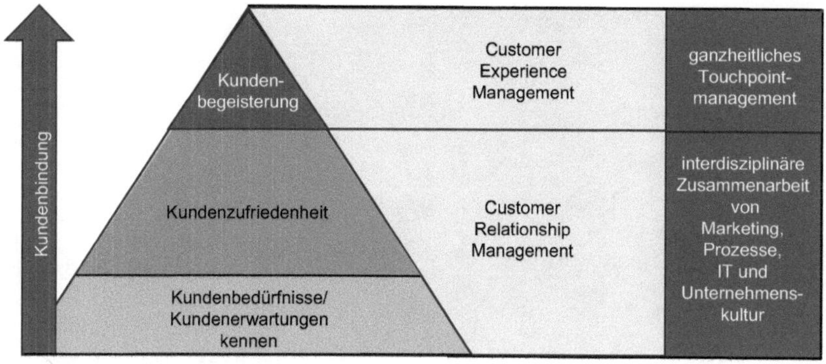

Abbildung 2.1 Theorierahmen. (Quelle: Eigene Darstellung und Erarbeitung aus den theoretischen Zusammenhängen)

3 Methodisches Vorgehen und Empirie

3.1 Methodisches Vorgehen und Einordnung in den Theorierahmen

An dieser Stelle soll der Untersuchungsgegenstand der Krankenversicherung näher vorgestellt werden. Gesetzliche Krankenversicherungen sind mit ihrer Stellung als Körperschaften des öffentlichen Rechts an die Einhaltung gesetzlicher Rahmenbedingungen gebunden. Sie stellen Kostenträger dar und gehören zum Zweig der Sozialversicherungen (vgl. Karakas 2014, S. 4). Bei ihnen gelten die Prinzipien der Solidarität, der Subsidiarität und der Selbstverwaltung. Sie unterstehen dabei weder ganzheitlicher staatlicher Aufsicht noch sind sie mit privatwirtschaftlichen Unternehmen gleichzusetzen (vgl. Scherenberg 2011, S. 146). Das Aufkommen der Gemeinschaft für den Einzelnen beschreibt den Solidaritätsgedanken (vgl. Rebscher 2006, S. 144). Das bedeutet, dass die Kosten der Kranken mit den Beiträgen der Gesunden gedeckt werden. Darüber hinaus findet ein Risikoausgleich zwischen den älteren und jüngeren Jahrgängen, Alleinstehenden und Familien, den finanziell Stärkeren und Schwächeren und Arbeitgebern und Arbeitnehmern statt. Dadurch gleichen sich Risiken, Kosten und Leistungen der Versicherten untereinander aus (vgl. Nagel et al. 2006, S. 73). Das Prinzip der Subsidiarität bezeichnet die Aufgabe des Gesundheitswesens, in erster Linie in Eigenverantwortung und Selbstständigkeit zu existieren. Der

Alle zitierten Stellen finden sie im elektronischen Anhang wieder.

Ergänzende Information Die elektronische Version dieses Kapitels enthält Zusatzmaterial, auf das über folgenden Link zugegriffen werden kann https://doi.org/10.1007/978-3-658-49982-2_3.

L. S. Stolz, *Kundenzentrierte Touchpoints in der Versicherungsbranche*, BestMasters, https://doi.org/10.1007/978-3-658-49982-2_3

staatliche Eingriff erfolgt erst, wenn das Individuum, die kleinste Gruppe oder Ebene keine Alternative mehr hat, eine Aufgabe selbst zu bewältigen (vgl. Rau 2008, S. 44). Die Krankenversicherung agiert folglich selbstverwaltend, alleinstehend und in eigener Verantwortung. Direkte Belange von Versicherten werden so stets in erster Linie mit den Krankenversicherungen thematisiert. Somit ist die Serviceleistung konkreter Aufgabenbestandteil der Krankenversicherungsunternehmen. Dennoch unterstehen sie der Rechtsaufsicht des Staates und erhalten einen gesetzlichen Rahmen (vgl. Hensen/Hensen 2008, S. 25). Ohne gesetzliche Vorgaben kann die Selbstverwaltung nicht agieren und verfügt somit nicht frei über Leistungsentscheidungen von Kunden. Alle Krankenversicherungen unterliegen gleichen gesetzlichen Restriktionen. Dies bedeutet im Umkehrschluss, dass rund 90 Prozent der Versorgung sogenannte „Regelleistungen" oder „Pflichtleistungen" darstellen und aus einem vorgegeben Leistungskatalog stammen. Darüber hinaus haben sie die Möglichkeit, „Satzungsleistungen" anzubieten (vgl. Jankowski/Zimmermann 2004, S. 6 ff.). So können individuelle Behandlungen oder Leistungen übernommen werden, die nicht im Leistungskatalog aufgelistet sind und einen Mehrwert für Kunden darstellen. Im Vergleich umfassen diese zusätzlichen Leistungen vorrangig Prävention und Früherkennung von Krankheiten sowie Heilmittel oder Zuschüsse bei privaten Gesundheitsleistungen (vgl. §194 Absatz 1a Satz 2 SGB V). Diese besonderen Leistungen werden dennoch durch Richtlinien überwacht, sodass ein zunehmendes homogenes Angebot der verschiedenen Kassen offeriert wird. Dies unterstreicht deutlich, dass der Service und die Ausgestaltung der Interaktionen eine Krankenkasse von einer anderen unterscheiden kann.

Durch Inkrafttreten des Gesundheitsstrukturgesetzes 1996 wurde erstmals die Kassenwahlfreiheit eingeführt. Diese ist bis heute andauernd und prägt den direkten Wettbewerb der Krankenkassen, da jeder Kunde selbst entscheidet, wo er sich versichern lässt (vgl. Knüppel 2004, S. 5). Seit 2021 ist auch die verpflichtende Bindungsfrist von 18 auf 12 Monate reduziert und eine Kündigung ist nicht mehr an ein Kündigungsschreiben gebunden, sondern die neue Wahl der Krankenversicherung und Meldung dessen ist ausreichend (vgl. §175 Abs. 4 Satz 1 SGB V). Krankenversicherungen erhalten folglich nur noch die bestätigte Kündigung der neuen Wahlkrankenkasse und Kunden können einfacher als je zuvor den Kassenwechsel vollziehen.

Es ist somit unerlässlich, Kunden einen herausragenden Service zu bieten, Zufriedenheit zu forcieren und Kundenbedürfnisse in den Vordergrund zu stellen, um sich von Wettbewerbern zu differenzieren und loyale Kunden im Bestand zu sichern (vgl. Rebscher/Meiners/Kordt 2017, S. 159 f.).

Im Sinne des Solidaritätsprinzips ist eine Krankenversicherung darauf angewiesen, die zur Verfügung stehenden finanziellen Mittel bestmöglich einzusetzen und Kosten deckungsgleich mit den Einnahmen aus Versichertengeldern zu verwalten (vgl. Waltermann 2014, S. 220). Ohne Innovationen und wirtschaftliches sowie zielgerichtetes Handeln kommt es zum Ungleichgewicht von Einnahmen und Ausgaben. Dies zieht eine negative Spirale von benötigter Erhöhung des kassenindividuellen Zusatzbeitrages und eventueller Abwanderung der Mitglieder nach sich (vgl. Greß/Wasem 2013, S. 21). Durch weitere Abwanderung der Kunden, kann ein ausgeglichener Finanzhaushalt auch durch weitere Erhöhung der Beiträge nicht aufrechterhalten werden. Folglich verliert die jeweilige Krankenversicherung ihre Wettbewerbsfähigkeit (vgl. Busse/Schreyögg 2022, S. 36). Die zwingende Abwägung von Ausgaben bedeutet auch, dass Kunden nicht unbegrenzt Extraleistungen aus der Satzung erhalten können, da diese budgetrelevant sind und Ausgaben darstellen. Analog der freiwirtschaftlichen Unternehmen müssen Kampagnen und Angebote an Kunden zielgerichtet und ausgewogen sein. Reibungslose und zufriedenstellende Serviceerlebnisse stellen damit einen großen Anteil zum Verbleib bei einer Krankenversicherung dar und ergeben einen wichtigen Wettbewerbsvorteil (vgl. Rebscher/Meiners/Kordt 2017, S. 159 f.). Unter Berücksichtigung gesetzlicher Gegebenheiten und dem dynamischen Verdrängungswettbewerb manifestiert sich somit die unternehmerische Aufgabe kundenorientierte und bedarfsgerechte Prozesse zu entwickeln. Folglich müssen die Kunden bei ihrem Kontaktpunkten mit der Krankenversicherung kanalunabhängig einen stets gleichen und lösungsorientierten Service erleben. Vor diesem Hintergrund sollten Standards und Strategien des Krankenversicherungsunternehmen darauf ausgerichtet sein, wichtige Kundenbedürfnisse zu registrieren und konstant ihre Customer Experience auszubauen.

Um einen momentanen Ist-Zustand der Handlungsweise von Krankenversicherungen festzustellen, wird in dieser Arbeit mit Hilfe von Experteninterviews aus der Branche ein Status Quo erarbeitet. Dieser wird mit dem Theorierahmen verglichen und unter Bezugnahme darauf festgestellt, welche nicht ausgeschöpften Potentiale sich in der eigentlichen Unternehmenspraxis ergeben. Daraus folgend können unterschiedliche Vorgehensweisen, Best-Practices und Handlungsimplikationen für die allgemeine Krankenversicherung abgeleitet werden, um das Kundenerlebnis bei Bedarf zu optimieren.

3.2 Stand der Forschung und Forschungsfrage

Mit Unterstützung des erarbeiteten Theorierahmens konnte der aktuelle Stand der Literatur nachvollzogen werden. Die wachsenden Kundenerwartungen erfordern die Ausrichtung auf kundenzentriertes Handeln, welches einen ganzheitlichen Fokus auf das Kundenerlebnis setzt. Dies trifft verstärkt auf Krankenversicherungsunternehmen zu, die vom zunehmenden Verdrängungswettbewerb betroffen sind. Bisher existieren in der Literatur jedoch kaum konkrete krankenkassenspezifische Ansätze, die dabei unterstützen, dies zu erreichen und umzusetzen. Im direkten Vergleich mit anderen Branchen wird deutlich, wie stark dort eine emotionale Kundenbindung und ein Kundenerlebnis forciert werden, um Befürworter und Multiplikatoren für die eigene Marke oder das eigene Unternehmen zu schaffen. Die folgende Tabelle 3.1 enthält eine Auswahl an Literatur und Studien, die den Unterschied zu anderen Branchen aufzeigt.

Tabelle 3.1 Aktueller Stand der Forschung und Literatursammlung. (Quelle. Eigene Darstellung, Datenquellen wie in der Tabelle 1 gekennzeichnet)

Autor, Jahr	Branche	Zusammenfassung der Erkenntnisse
Noé-Nordberg, 2024	Allgemeiner Unternehmenskontext	• Relevanz zunehmender Emotionalisierung bei Interaktionen und dynamisch verändernde Umwelt • Organisationsstruktur, die Kunden aktiv berücksichtigt • gesamtheitliche Kundenorientierung als Voraussetzung für Kundenbegeisterung
Guillot et al., 2023	Pharmaindustrie	• Korrelation zwischen Kundenzufriedenheit und Kundenbindung • Kunden erleben ganzheitlich über alle Interaktionen und Kontaktpunkte • Emotionen und Gefühle beeinflussen und spielen eine wichtige Rolle bei Entscheidungen • Kundenzufriedenheit messen und auswerten, sowie dies nachhalten • noch gibt es wenige Pharmaunternehmen mit einer klaren Customer Experience Strategie und dazugehörigen Auswertungen

(Fortsetzung)

Tabelle 3.1 (Fortsetzung)

Autor, Jahr	Branche	Zusammenfassung der Erkenntnisse
Löffler/Gouthier, 2017	Automobilindustrie	• dynamische Entwicklungen und Schnelllebigkeit, Kundenloyalität wird ein Erfolgsfaktor • emotional geprägte Kundenbindung sowie begeisternde Momente werden zum Treiber • war vorher das Ziel Kundenzufriedenheit zu erlangen, ist es heute die Kunden zu begeistern • erreicht werden kann dies durch Produkt- und Markenerlebnis, Kundenzentrierung und ganzheitliche Prozessausrichtung
Eckert/Neunsinger/Osterrieder, 2022	Lebensversicherung/Finanzen	• Benchmark der Erlebnisse über alle Branchen hinweg, Konzentration früher auf Kundenzufriedenheit, heute Entwicklung Customer Experience • Aufgabe der Versicherer eher eine Art „Risk-Manager" und helfende Hand der Versicherten mit einem Fokus auf die Touchpoints • Hinzunahme der digitalen Möglichkeiten zur besseren kundenseitigen Verwaltung, dennoch ist der persönliche und emotionale Kontakt wichtig, risikobehaftete Touchpoints identifizieren • bisher stark limitierter Einsatz der Kundenzufriedenheitsmessung für die Gestaltung der ganzheitlichen Prozesse bei Versicherungen
Van Vliet/Ter Meer, 2023	Versicherung im Allgemeinen	• Kundenerwartungen ändern sich dynamisch und sie fordern flexiblen Top-Service • Entwicklung eines Service rund um „Life-Events" der Kunden, kundenzentrierte Ausrichtung, Veränderung der Unternehmenskultur • Implementierung von ganzheitlichen Standards in Prozessen, Messbarkeit dafür und Nachhalten in einem Customer Relationship Management System • ganzheitliche Transformation für das Kreieren von Wow-Momenten

(Fortsetzung)

Tabelle 3.1 (Fortsetzung)

Autor, Jahr	Branche	Zusammenfassung der Erkenntnisse
Zondler, 2008	Krankenversicherung	• Fokus auf die Globalzufriedenheit, Implementierung von Qualitätsmanagement • kundenorientierter Ansatz, um den Mitarbeitern Kundenverständnis nahe zu bringen, Verhaltensänderungen • Controlling von Beschwerdemanagement und Globalzufriedenheit als Ausgangspunkt für kontinuierlichen Verbesserungsprozess
Sharma/Chaubey, 2014	Bankensektor	• Bankenerlebnis ist die gesamthafte Betrachtung aller Kontaktpunkte und Interaktionen • reibungslose Erlebnisse fördern die Kundenzufriedenheit, Kundenbindung beziehungsweise Loyalität und auch den Kundenwert • Loyalität wird durch das Erlebnis der Kunden bedingt und hängt mit den Bedürfnissen und Wünschen zusammen, Erfüllung der Kundenerwartungen • Konzentration auf kundenseitige Prozesse über alle Kanäle • dynamisch verändernde Welt und Wettbewerb untereinander fordern kundenzentrierte Veränderungen zum Wettbewerbsvorteil, daraus resultierend Veränderung der eigenen Strategie und Kultur • Rolle der Mitarbeiter dafür von besonderer Relevanz
Bruhn, 2023	Krankenversicherung	• Fokus auf Datennutzung und Bezug auf Prävention, digitale Vernetzung von Versicherten • Patient Empowerment für Gesundheitserhaltung • Krankenkasse als Schnittstelle, Servicekompetenz gefragt

Die Auswahl der Literatur zeigt, dass in anderen Branchen und im allgemeinen Unternehmenskontext Bestrebungen hervorgehen, die ein verbessertes Kundenerlebnis bedingen. Über alle Quellen hinweg wird damit der Faktor der Kundenbindung forciert. Trotz des unterschiedlichen Branchenhintergrunds lassen sich sich ähnelnde Aspekte ableiten.

Zum einen verdeutlichen alle Quellen den Kausalzusammenhang zwischen Kundenzufriedenheit und Kundenloyalität. Dabei bezieht sich die Loyalität auf die Kundenbindung und die allgemeine Einstellung zum Unternehmen (vgl. u. a. Sharma/Chaubey 2014, S. 18/26; Eckert/Neunsinger/Osterrieder 2022, S. 573). Zum anderen heben die sich dynamisch entwickelnden Kundenerwartungen und Anforderungen den Aspekt der zunehmenden Kundenorientierung hervor (vgl. u. a. Van Vliet/Ter Meer 2023, S. 34; Löffler/Gouthier 2017, S. 56). Als Weiterentwicklung dessen soll eine Form der Kundenzentrierung durch eine ganzheitliche Ausrichtung von Prozessen und Produkten stattfinden. Alle kundenseitigen Interaktionen über die verfügbaren Kanäle entscheiden im Ganzen über das Erlebnis. Die dazugehörigen Handlungsimplikationen beziehen sich vor allem auf die Veränderung beziehungsweise Anpassung der Unternehmenskultur. Dabei stehen die Mitarbeiter im Unternehmen im Fokus der Umsetzung, da diese für den Service zuständig sind (vgl. u. a. Sharma/Chaubey 2014, S. 19; Noé Nordberg 2024, S. 295). Es sollen nachhaltige Messinstrumente wie die Zufriedenheitsmessung etabliert und angewandt werden. Darüber hinaus hilft die Identifikation von risikoreichen Touchpoints oder Beschwerden, die Erlebnisse der Kunden datenbasiert zu verbessern (vgl. Eckert/Neunsinger/Osterrieder, 2022, S. 594).

Dem entgegen stehen die tatsächlichen Umsetzungsansätze in der Praxis von Krankenversicherungen. Es finden sich keinerlei Literaturquellen oder Studien, welche eine Umsetzungsmöglichkeit implizieren oder einen zeitlich aktuellen Status Quo offerieren. Lediglich der Ansatz aus dem Jahre 2008 von Jochen Zonder zeigt in Auszügen den Aufbau eines Berichtswesens im Zusammenhang mit der Globalzufriedenheit und einem passenden Controlling zur Qualitätssicherung von Service. Als Mittelpunkt dieses Projektes steht die Verhaltensänderung der Mitarbeitenden im Fokus, welche ein besseres Verständnis für Kunden erfahren sollen. Dies beschreibt er als Ansatz der Kundenorientierung und erläutert zusätzlich ein Controlling, dass die Beschwerden und die Befragungen der Globalzufriedenheit zusammenfasst. Daraus entsteht ein kontinuierlicher Verbesserungsprozess, der die Daten nutzt, um den Service zu verbessern. Dies stellt jedoch weniger die Kundenerwartungen oder das Kundenerlebnis in den Vordergrund. Es finden sich zusätzlich keine aktuellen Hinweise auf die Weiterentwicklung aus dem Jahre 2008, daher stellt das beschriebene Projekt zur Einführung von Qualitätsmanagement den letzten aktuellen Stand der Krankenversicherung dar (vgl. Zondler 2008, S. 537). Im Bereich der Prävention von Krankenversicherungen finden sich erste Hinweise zur ganzheitlichen Sicht auf den Versicherten. Dabei versucht die Krankenversicherung, vorhandene Leistungsdaten zu vernetzen und ganzheitlich zu verarbeiten, um individuelle Präventionsangebote zu unterbreiten. Erneut ist dabei weniger die Kundenerwartung oder das Kundenerlebnis im Fokus und zudem wird nicht von einer tatsächlichen Umsetzung gesprochen (vgl. Bruhn 2023, S. 100). Somit finden sich derzeit keine krankenkassenspezifischen Ausgestaltungen in Form von Forschungen oder in der Literatur, die den Kausalzusammenhang zwischen ganzheitlichem Touchpointmanagement und daraus resultierendem Kundenerlebnis erläutern.

Um diese Forschungslücke zu schließen, soll die folgende Forschungsfrage erörtert werden: Welche Rolle spielt die touchpointgesteuerte Interaktion bei sich verändernden Kundenerwartungen für ein Krankenversicherungsunternehmen und wie kann diese kundenzentriert zur Beeinflussung der Gesamterfahrung optimiert werden?

3.3 Empirische Untersuchung mittels qualitativer Forschung

Durch qualitative Forschung soll speziell für den Bereich der Krankenversicherung identifiziert werden, welche Möglichkeiten Krankenversicherungen derzeit nutzen, um eine kundenzentrierte Interaktion zu erzielen. Dies verdeutlicht, welche Ansätze der kundenzentrierten Organisation von Touchpoints existieren und zeigt auf, welche Potentiale in der Kundeninteraktion noch nicht ausgeschöpft werden.

Als Erhebungsverfahren wird das leitfadengestützte Experteninterview gewählt, welches zu einem Teilbereich der qualitativen Sozialforschung gehört. Die Erforschung des Handlungsbedarfs und des Status Quos beziehen sich formell auf die Praxis in Krankenversicherungsunternehmen und sollen die Veränderungsmöglichkeiten aufzeigen. Aus diesem Grund ist es ein Teil der Handlungsforschung (vgl. Mayring 2023, S. 47 ff.). Abgrenzend zur quantitativen Forschung stehen nicht die Erklärungen, sondern das Verständnis von komplexen und sozialen Sachverhalten im Fokus. Die Auswertung von numerischen Daten und statistischen Analysen stehen dabei nicht im Vordergrund. Die qualitative Forschung eignet sich in dieser Form, da sie sich auf die individuelle Erfassung von Meinungen, Einstellungen, Motivationen und Verhaltensweisen der Beteiligten konzentriert. Gerade bei dem Zusammenhang der zuvor erläuterten Themenbereiche bietet dies die Möglichkeit, die Äußerungen der Experten zu sammeln und in Bezug auf die Forschungsfrage zu interpretieren (vgl. Ahlrichs 2012, S. 105). Das Experteninterview untersucht die hergeleitete Forschungsfrage und durch die Sichtweisen der Experten wird der aktuelle Stand des kundenzentrierten Touchpointmanagements dargelegt. Eine quantitative Forschung gäbe keinen derart tiefgehenden Einblick mit individuellen Antworten (vgl. Gläser/Laudel 2010, S. 12). Dieses Vorgehen bezeichnet die Literatur auch als deduktives Vorgehen. Deduktive Forschung zielt darauf ab, bestehende Theorien zu testen und zu validieren oder zu widerlegen. Im Gegensatz dazu entwickelt induktive Forschung neue Theorien oder Hypothesen aus den empirischen Daten (vgl. Gläser-Zikuda/Stephan/Hofmann 2022, S. 243 ff.). Da die oben genannte Forschungsfrage bereits Theorien und Hypothesen impliziert und die Experteninterviews dazu dienen, diese zu überprüfen, eignet sich das deduktive Vorgehen eher als Forschungsansatz. Der durch die aktuelle Literatur und Forschung entstandene Theorierahmen konzentriert sich auf die Bedeutung von touchpointgesteuerter Interaktion bei sich verändernden Kundenerwartungen vor dem Hintergrund der Kundenbindung. Die nun folgenden Experteninterviews werden verwendet, um diese theoretischen Annahmen zu überprüfen und deren Praxisbezug im Krankenversicherungskontext zu erforschen. Ziel der deduktiven Vorgehensweise ist eine Handlungsempfehlung im Krankenkassenkontext, die den Theorierahmen genauso berücksichtigt wie die aktuellen Stände und Entwicklungen der Krankenversicherungsunternehmen.

3.4 Gang der Untersuchung

3.4.1 Untersuchungsdesign

Der qualitative Forschungsansatz verlangt beim Erhebungsverfahren eines Experteninterviews neben der Erstellung eines geeigneten Interviewleitfadens als Standardisierung auch die Festlegung einer Auswertungsmethode und geeignete Gütekriterien (vgl. Mayring/Fenzl 2019, S. 635 ff.). Nacheinander sind das Untersuchungsdesign, die Auswertungsmethodik und die damit verbundenen Gütekriterien erläutert. Im Anschluss ist die Erstellung des Interviewleitfadens beschrieben. Zusätzlich erfolgt eine Herleitung zur Auswahl der Experten bevor die tatsächliche Untersuchung beginnt.

Das Erhebungsverfahren der leitfadengestützten Interviews eignet sich, da bereits der Theorierahmen existiert und auf diese Weise ein problemspezifisches Befragen möglich ist. Die befragten Personen tragen durch ihre Fachexpertise einen wichtigen Beitrag zur Beantwortung der Forschungsfrage bei (vgl. Mayring 2023, S. 64). Damit in jedem Interview eine Struktur zugrunde liegt und auch die Gespräche in die gleiche Richtung der Forschungserkenntnisse laufen, wird ein Interviewleitfaden erstellt. Dieser unterstützt den Charakter der qualitativen Sozialforschung. Diese impliziert stets eine Abstraktion bestimmter Merkmale, die dann gemeinsam veranlagt im Forschungskontext zu betrachten sind (vgl. Wrona 2006, S. 191). Vergleichbare Inhalte und Themen der Interviews ermöglichen diese Abstraktion. Der Leitfaden bildet demnach keinen strukturellen Zwang der Abarbeitung, sondern bietet vielmehr eine Orientierung der zu thematisierenden Merkmale mit anschließendem Vergleich. Gleichzeitig stellt dieses Vorgehen sicher, dass kein Aspekt vergessen und eine Vollständigkeit der Forschung erreicht wird. Insgesamt bietet der Interviewleitfaden eine teilweise Standardisierung der empirischen Untersuchung für die spätere Vergleichbarkeit (vgl. Jacob/Heinz/Décieux 2019, S. 27). Der Interviewer legt dadurch eigenständig fest, ob dieser auf Inhalte tiefer eingehen möchte, um weitere Erkenntnisse zu erlangen, die die Forschungsfrage beantworten (vgl. Gläser/Laudel 2010, S. 41 ff.). Zur Erfassung aller Informationen sowie der inhaltlichen Vollständigkeit aller Gespräche findet eine Aufzeichnung der Interviews und eine darauffolgende Transkription statt. Die wörtliche Transkription erfolgt dabei in normalem Schriftdeutsch. Gedankliche Pausen und Füllwörter wie „hm" oder „mh" werden nicht übertragen. Dies lässt eine vollkommene Konzentration auf den Inhalt des Gesagten zu (vgl. Mayring 2023, S. 80). Das Einverständnis zur anonymisierten Verarbeitung und Aufzeichnung des Gesprächs wird dazu schriftlich von den Teilnehmenden eingeholt und sie werden über die Form der Verarbeitung und Möglichkeiten des Widerspruches aufgeklärt.

Die anschließende Auswertung bezieht sich auf die Vorgehensweise zur qualitativen Inhaltsanalyse nach Philipp Mayring. Diese ist für die Erkenntnisgewinnung geeignet, da sie das Ziel verfolgt, das in der Kommunikation entstandene und transkribierte Material systematisch zu verarbeiten und daraus Ergebnisse abzuleiten (vgl. Mayring 2022, S. 13). Dies lässt sich in drei Analyseformen unterscheiden: die Zusammenfassung, die Explikation und die Strukturierung. Jede Form nutzt durch den Theorierahmen orientierte Kategoriesysteme, um den Text entweder zu kondensieren, weiter zu umschreiben oder zu filtern. Die vorliegende Forschungsarbeit nutzt die strukturierende qualitative Inhaltsanalyse. Weder findet, wie bei der inhaltsanalytischen Zusammenfassung eine formale Reduktion der Inhalte statt, noch soll weiteres Material zu einer Verdichtung der Erkenntnisse, analog der Explikation, erfolgen. Vielmehr liegt der Fokus auf der Strukturierung des Inhalts der verschiedenen Experteninterviews zum besseren Bezug zur Theorie (vgl. Mayring 2023, S. 98 ff.). Dafür bilden der Theorierahmen und das Material der Transkriptionen deduktive Kategorien. Die Kategorien ordnen den Inhalt systematisch ein und zusätzlich belegen direkte Beispiele je Kategorie, wofür diese steht. Bei einer nicht eindeutigen Zuordnung zu einer Kategorie helfen explizite Regelformulierungen in Form einer Definition je Kategorie. Danach sind zwei weitere Durchgänge durchzuführen. Wie in der folgenden Abbildung 3.1 ersichtlich, testet der erste Durchgang das Kategoriesystem und kennzeichnet Textstellen. Der zweite Schritt fasst die gefundenen Textstellen dann in ihren Kategorien zusammen und wertet weiter aus.

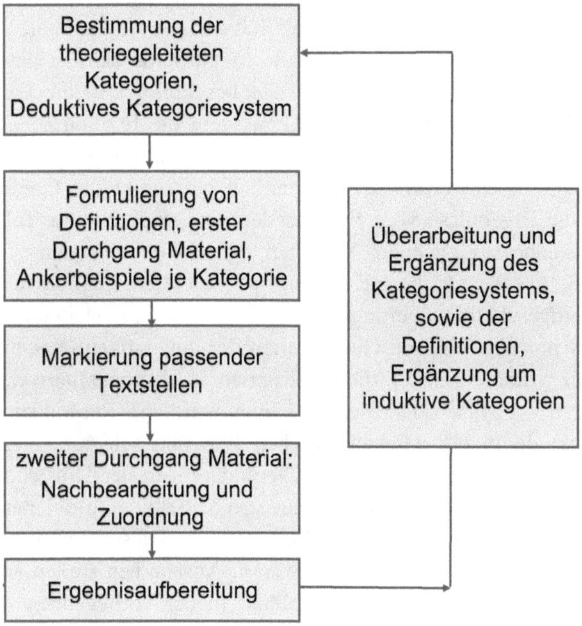

Abbildung 3.1 Theoretischer Ablauf der strukturierenden qualitativen Inhaltsanalyse. (Quelle: In Anlehnung an Mayring 2023, S. 103)

Es erfolgen auch noch Anpassungen oder Erweiterungen der Kategorien. Sofern im vorliegenden Material mehrfach von der Theorie abweichende Aspekte genannt werden, kann in diesem Fall auch eine induktive Kategorie mit eingebunden und ausgewertet werden (vgl. Mayring/Fenzl 2019, S. 644 f.). Eine Organisation in Kategorien ermöglicht ein fundiertes Verständnis zum Status Quo von Krankenversicherungsunternehmen und verdeutlicht auch die Handlungsspielräume oder Herausforderungen.

3.4.2 Gütekriterien

Zur Vorbereitung der Forschung werden nun die üblichen Gütekriterien näher erläutert. Sind diese als erfüllt anzusehen, dann ist es gleichzeitig auch die empirische Erkenntnis. Sie bewerten folglich die Qualität und Zuverlässigkeit der Forschung (vgl. Wrona 2006, S. 202). Die drei am häufigsten verwendeten Gütekriterien betreffen die Validität, die Reliabilität und die Objektivität. Die Validität bezieht sich dabei darauf, ob die gewählte Methode tatsächlich das misst, was sie in der Theorie zu messen versucht. Sie beschreibt also die Gültigkeit der Ergebnisse. Die Reliabilität besagt, wie konsistent die Ergebnisse sind und wie zuverlässig die gewählte Methode bei erneuter Wiederholung der Forschung zu ähnlichen Ergebnissen kommt. Schlussendlich beschreibt die Objektivität, wie unabhängig die Ergebnisse vom Forschenden sind und ob diese folglich durch andere Forschende bei gleichem Vorgehen reproduzierbar wären (vgl. Göhner/Krell 2020, S. 209 ff.). Da diese Kriterien im Kontext der qualitativen Forschung jedoch nur eingeschränkt übertragbar sind, wird sich im weiteren Verlauf mit den von Mayring empfohlenen Gütekriterien der qualitativen Forschung befasst. Grund ist der primäre Einsatz dieser Kriterien in der quantitativen Forschung und auch in der Physik oder Medizin. Eine wirkliche Reproduzierbarkeit ist bereits bedingt durch die unterschiedlichen Experten schwierig (vgl. Mayring 2023, S. 120). Hinzu kommen situative Veränderungen der Umstände, somit ist in der qualitativen Forschung auf die sechs von Mayring empfohlenen Gütekriterien zurückzugreifen (vgl. Mayring 2023, S 123 ff.). Diese werden nacheinander beschrieben und im späteren Verlauf bewertet. Ausnahmen stellen jene Gütekriterien dar, die aufgrund ihrer Beschaffenheit in der vorliegenden Arbeit nicht sichergestellt werden können, beziehungsweise für den weiteren Hintergrund weniger zu fokussieren sind:

Verfahrensdokumentation: Durch die breite Wahl an Möglichkeiten der qualitativen Forschung ist eine lückenlose Dokumentation sicherzustellen. Dies bezieht sich auf die Erhebungsmethode, tatsächliche Erhebung oder Durchführung sowie die eigentliche Auswertung. So sind die Ergebnisse nachvollziehbar und transparent in ihrer Entstehung.

Argumentative Interpretationsabsicherung: In der qualitativen Forschung kann nicht wie in der quantitativen Forschung mathematisch nachvollzogen werden, wie der Forschende auf das Ergebnis kommt. Deswegen stellt bei jedem Aspekt eine argumentative Herleitung entlang des Theorierahmens sicher, dass Interpretationen auch von Außenstehenden verfolgt werden können.

Regelgeleitetheit: Trotz des offenen Charakters von Experteninterviews ist eine Regelkonformität gewisser Parameter ein Hygienefaktor. Dies bezieht sich vor allem auf die spätere Auswertung des Materials. Das Kategoriesystem ist dabei der geregelte Rahmen und stellt einen bei jeder Auswertung analogen Ablauf sicher. Ausnahmen von Regeln sind deutlich abzugrenzen und zu begründen.

Nähe zum Gegenstand: Um sichere Ergebnisse zu erzielen, sollte das Interview in den Lebensalltag der Person eingebettet sein. Da es bei diesem Gütekriterium in besonderer Weise um die sozialen Hintergründe geht und diese Arbeit sich auf den Arbeitgeber beziehungsweise eine Institution bezieht, wird dieses Gütekriterium im Nachgang nicht näher betrachtet.

Kommunikative Validierung: Neben der tiefgehenden Analyse ist ein Vorlegen der eigenen Interpretation an die Befragten möglich, um dies zu validieren. Dadurch kommt der Forschende erneut in den Austausch und kann auch fehlgeleitete Interpretationen korrigieren. Da sich die Erhebungsmethode auf deduktive Ansätze stützt und vielmehr den Ist-Zustand beleuchtet, wird auch von diesem Gütekriterium im Nachgang Abstand genommen. Dennoch stellt gezieltes Nachfragen und Eingehen in der Befragungssituation sicher, dass die Aussagen richtig verstanden und interpretiert werden.

Triangulation: Hierbei geht es um die Verbindung verschiedener Analysewege und Datenquellen, um eine umfassendere Perspektive auf das untersuchte Phänomen zu erhalten. Es ermöglicht die Identifizierung von Stärken und Schwächen der jeweiligen und hilft ein besseres Verständnis zu entwickeln, ohne dabei eine absolute Übereinstimmung zu erzielen. Die vorliegende Arbeit basiert auf verschiedenen Quellen und Studien, um einen Theorierahmen und eine Forschungslücke aufzuzeigen und die Forschungsfrage abzuleiten. Insbesondere die Auswahl der Interviewpartner greift dieses Gütekriterium erneut auf und stellt die Berücksichtigung verschiedener Perspektiven sicher.

3.4.3 Aufbau des Interviewleitfadens

Die Entwicklung eines Interviewleitfadens dient der Standardisierung der jeweiligen Erhebung. Aufbauend auf dem theoretischen Rahmen greift dieser analog zur Abbildung 2.1 den aktuellen theoriegestützten Ist-Zustand auf. Ziel des Interviews ist folglich der individuelle Entwicklungsstand der Krankenversicherung zur Forschungsfrage: Welche Rolle spielt die touchpointgesteuerte Interaktion bei sich verändernden Kundenerwartungen für ein Krankenversicherungsunternehmen und wie kann diese kundenzentriert zur Beeinflussung der Gesamterfahrung optimiert werden?

Um für jeden Teil der theoretischen Pyramide des Theorierahmens einen Status Quo zu generieren, ist das Interview in drei Forschungsparts eingeteilt. Im Anschluss wird die Rolle des Customer Experience Managements beziehungsweise des kundenzentrierten Touchpointmanagements abgeleitet. Der erste Teil beleuchtet die Rolle der Kunden im Unternehmen. Die Fragetechniken analysieren die Sicht auf die Bedürfnisse und Erwartungen der Kunden sowie deren Einbindung in Prozessveränderungen. Dabei stehen auch die dazugehörigen Maßnahmen und Handlungsansätze im Mittelpunkt des Interviews. Dies spiegelt die theoretische Basis und unteren Pyramidenteil wider und zielt auf Grundsätze des Customer Relationship Managements ab. Es stellt den Gesprächseinstieg dar, um sich im späteren Verlauf auch in Richtung des Customer Experience und Touchpointmanagements zu beziehen. Im zweiten Part geht es darum, welchen Wert die Kundenzufriedenheit und Messung dieser im Unternehmen hat. Der Fokus liegt dabei auf möglichen Erfolgskennzahlen und der Einarbeitung von Kundenfeedback wie beispielsweise Beschwerden oder anderen Kundenimpulsen. Hier geht es vor allem darum, kennenzulernen, welche Mechanismen und Prozesse stattfinden, um die Stimme der Kunden ins Unternehmen zu transportieren und wie dies nachgehalten wird. Diese Fragetechniken zielen auf den Hintergrund der Kundenorientierung und der Kundenzentrierung als Weiterentwicklung ab. Hinzu kommt die Frage nach Beispielen oder Erfolgen durch Einbindung der Kundenresonanzen. Der letzte Part geht tiefer auf die Prozessveränderung im ganzheitlichen Sinne und so auf das holistische Kundenerlebnis ein. Die Fragen tragen zur Erkenntnis bei, inwieweit Kontaktpunkte nur einzeln verändert werden und ob alle Abteilungen übergreifend arbeiten. Erneut bestätigen Beispiele diese Handlungen und zeigen auch Herausforderungen dabei auf. Dadurch verdeutlicht sich auch der Ablauf sowie das Vorgehen der Unternehmen und zeigt eine mögliche interdisziplinäre Zusammenarbeit auf. Alle drei Parts arbeiten den aktuellen Status zu den theoretischen Aspekten der Kundenerwartungen, der Kundenzufriedenheit und auch der Customer Experience sowie Touchpointmanagement heraus.

Das Verständnis zu diesen Begriffen ist sehr subjektiv. Die Befragung erfolgt losgelöst von diesen Wörtern als Stimuli für ein ehrliches Ergebnis. Nur durch explizite Nennung eines Probanden geht der Interviewende näher darauf ein und erfragt das Verständnis. Demnach verläuft durch die Fragetechnik vielmehr ein natürliches Gespräch über die Herangehensweise und den Wert der Kunden innerhalb der Krankenversicherung. Der entworfene Leitfaden ist dem Anhang 1 zu entnehmen.

Jedes Interview läuft nach dem gleichen Prinzip ab. Die Aufnahme des Gesprächs startet nach Klärung letzter Fragen. Dadurch beginnen die Interviews mit einer allgemeinen Einleitung und Vorstellung des jeweils Anderen. Anschließend erklärt der Interviewende den Ablauf sowie letzte Erläuterungen zum Vorgehen. Insbesondere der Hinweis auf die freie Äußerung und auf die Datenverarbeitung sowie auf die Anonymisierung tragen zur Transparenz und Ehrlichkeit der Probanden bei. Dies unterstützt die Erforschung der realistischen Situation. Der erarbeitete Interviewleitfaden dient der interviewenden Person und wurde vorher nicht zur Verfügung gestellt. Ziel ist ein natürliches Gespräch und weniger eine Befragung. Da der entwickelte Leitfaden das Gespräch leiten soll und keine gezwungene Abarbeitung darstellt, eröffnet er die Möglichkeit, die Fragestellung und Reihenfolge situativ anzupassen. Die Unterteilung in drei verschiedene Parts vereinfacht dabei die Übersichtlichkeit und Vollständigkeit, damit keine zu stellenden Fragen in Vergessenheit geraten.

3.4.4 Auswahl und Herleitung der Interviewpartner

Die Auswahl der Interviewpartner garantiert eine Triangulation durch Befragung verschiedener Experten aus dem Bereich der Krankenversicherung. Dabei ist zu beachten, dass diese demnach eine Tätigkeit bei einer Krankenversicherung ausführen oder für eine Krankenkasse tätig sind. Alle Ergebnisse beleuchten folglich den krankenkassenspezifischen Hintergrund der Forschungsthematik (vgl. Helfferich 2019, S. 680 ff.). Direkte Mitarbeitende von am Markt existierenden Krankenversicherungen ergründen die interne Sichtweise des aktuellen Status. Da sich diese Forschung vornehmlich mit den Themen Service und Kontaktpunkte einer Krankenversicherung beschäftigt, eignen sich Probanden, die im unmittelbaren Umfeld der strategischen Serviceentwicklung arbeiten sind und Aussagen aus ihrem operativen Geschäft tätigen können. Die Außenwahrnehmung und Validierung des Gesagten erweitert sich anschließend um die Perspektive externer Experten. Es handelt sich hierbei vornehmlich um Beratungsunternehmen, welche aktiv im Krankenkassenkontext beraten, die Weiterentwicklung der Krankenversicherungen begleiten und durch entsprechende Angebote von Software den Service ergänzen. Sie können den Einfluss der Kundenperspektive und Ablauf von kundenseitigen Prozessen einschätzen und ergänzen. Durch die Unterscheidung zwischen externen und internen Mitarbeitenden kommt es zu einer ganzheitlichen Erarbeitung des Ist-Zustandes. Mit Hilfe der Auswahl der Grundgesamtheit ist es möglich, repräsentative Ergebnisse zu erzielen.

Die Suche nach Interviewpartnern erfolgt primär durch das Netzwerk LinkedIn. Die Kontakte bestehen schon seit längerer Zeit über ein Customer Experience Management Netzwerk. Darüber hinaus wurde der persönliche Kontakt auf der Healthcare Messe DMEA 2024 in Berlin genutzt. Bei dieser Messe kommen jegliche Akteure aus dem Gesundheitswesen und der dazugehörigen Digitalisierung zusammen, dazu zählen auch Krankenversicherungen und Unternehmensberatungen. Die fünf Experten aus dem Krankenkassenbereich stammen von der BARMER, der Pronova BKK, der Techniker Krankenkasse, der Siemens BKK und der DAK-Gesundheit. Die drei externen Berater aus dem Bereich der Unternehmensberatung und -entwicklung stammen von Detecon, Bearingpoint und CXomni. In der anschließenden Kontaktaufnahme findet ein kurzes Umreißen des Themas der Masterthesis statt und die Bitte um eine schriftliche Einverständniserklärung. Diese liegt von allen Experten schriftlich vor und begründet die weitere anonymisierte Verarbeitung der Daten. Sie ist von Dritten unzugänglich gespeichert und findet sich nicht im Anhang wieder. Ein Muster der Einverständniserklärung ist dem Anhang 2 im elektronischen Zusatzmaterial zu entnehmen. Durch dieses Vorgehen enthält das transkribierte Material keine Rückschlüsse auf die Person und das dazugehörige Unternehmen. Durch diesen geschützten Forschungsrahmen können alle Experten ohne die Befürchtung von Konsequenzen ihre Eindrücke und Arbeitsweisen mitteilen.

3.5 Erhebung und Auswertung der Daten

Die für diese Forschung relevante Stichprobe setzt sich aus insgesamt acht Experteninterviews zusammen, welche im Zeitraum vom 13.05.2024 bis zum 14.06.2024 stattfanden. Alle Interviews wurden über die Software Microsoft Teams durchgeführt und mit einem weiteren Gerät aufgenommen. Die jeweilige Länge der Befragung variierte zwischen rund 26 Minuten und 45 Minuten. Jedes Interview begann mit einer Begrüßung und Aufklärung über den Rahmen und endete mit einer Danksagung und Verabschiedung. Das Gespräch orientierte sich entlang des in Abschnitt 3.4.3 erstellten Interviewleitfadens. Dieser ist dem

Anhang 1 im elektronischen Zusatzmaterial einsehbar. Entgegen der beschrieben Sie-Form im Leitfaden wurden die Gespräche in der Du-Form geführt. Gründe dafür sind das bereits bekannte Netzwerk und der Umgang miteinander sowie die Du-Etikette der beteiligten Firmen. In der folgenden Tabelle 3.2 findet sich die Darstellung und Verteilung der Befragten inklusive anonymisierter Zuordnung zum Tätigkeitshintergrund wieder.

Tabelle 3.2 Zuordnung der Experten/Interviewpartner. (Quelle: Eigene Darstellung)

Experten/Interviewpartner	Tätigkeitshintergrund
E1	Krankenversicherung
E2	Unternehmensberatung und -entwicklung
E3	Krankenversicherung
E4	Unternehmensberatung und -entwicklung
E5	Krankenversicherung
E6	Unternehmensberatung und -entwicklung
E7	Krankenversicherung
E8	Krankenversicherung

Die Begrenzung auf acht Interviews erfolgte, da nach dem achten Interview keine weiteren neuen Erkenntnisse hinzugewonnen werden konnten, sondern sich die Inhalte der vorherigen Interviews ähnelten. Analog der vorher beschriebenen Vorgehensweise in Abschnitt 3.4.1 wurde das entstandene Audiomaterial transkribiert und anonymisiert aufbereitet. Alle Transkripte finden sich in den Anhängen vier bis elf im elektronischen Zusatzmaterial wieder. Die Bildung der deduktiven Kategorien basiert auf den theoretischen Grundlagen und des daraus entstandenen Theorierahmens. Diese dienen als Werkzeug für die schrittweise Auswertung zur Strukturierung der Ergebnisse. Der erste Durchlauf markiert passende Textstellen und sucht Ankerbeispiele für die Kategorien. Dies überprüft die Plausibilität der erstellten Kategorien (vgl. Mayring 2023 S. 103). Die Hinzunahme von induktiven Kategorien ist optional, sofern relevante Textstellen noch einen weiteren Erkenntnisgewinn präsentieren (vgl. Mayring/Fenzl 2019, S. 644 f.). Die deduktive Kategoriebildung im ersten Durchlauf ergibt insgesamt acht Kategorien. Diese leiten sich auf Basis der entstandenen Theorie ab und versuchen so, theoriegeleitet die Forschungsfrage zu ergründen. Sie sind farblich voneinander in den bearbeiteten Transkripten im digitalen Anhang E1 bis E8 zu unterscheiden:

- Beispiele für Kundenorientierung/ Kundenzentrierung
- Strategische Verankerung im Unternehmen
- Methoden der Erfolgsmessung
- Nutzung von Kundenfeedback
- Interdisziplinäre Zusammenarbeit
- Rolle der Mitarbeitenden
- Ganzheitliche Sicht auf Kontaktpunkte
- Kundenbedürfnisse und Kundenerwartungen

Nach dem ersten Durchgang der Transkripte und Anwendung der oben genannten Kategorien wurden Ankerbeispiele gefunden und die Kategoriebildung durch zwei weitere ergänzt:

- Herausforderungen und Entwicklungspotentiale
- Lösungsansätze

Die Kategorie „Herausforderungen und Entwicklungspotentiale" wurde an mehreren Stellen der Interviews benannt. Sie berücksichtigt alle Aspekte, die sich auf die operative Lücke beziehen und noch zu entwickeln sind, um optimales und ganzheitliches Touchpointmanagement auszuführen. Um die darin genannten Lösungsansätze von den Herausforderungen und Potentialen zu unterscheiden, erhält diese Kategorie als einzige eine weitere Unterkategorie mit dem Namen „Lösungsansätze". Dies schafft eine weitere Übersichtlichkeit und lässt eine gezieltere Bearbeitung der Aussagen zu. Der sich anschließende zweite Durchgang und die Auswertung der Ergebnisse erfolgen nun nach den zehn genannten Kategorien und analog der vorgestellten Methode und Vorgehensweise (siehe Abb. 3.1). Dabei wird sich der Unterstützung der Software MAXQDA bedient. Diese Software lässt eine zielgerichtete Kodierung und Aufbereitung zu. Der händisch erstellte und ausführliche Kodierleitfaden mit den Definitionen, den Ankerbeispielen, den theoretischen Fundstellen zur Herleitung sowie einer farblichen Zuordnung der Kategorien ist dem Anhang 3 im elektronischen Zusatzmaterial zu entnehmen sowie einer Excel Tabelle im digitalen Zusatzmaterial.

Bevor auf die tiefere Auswertung und Analyse des Textmaterials eingegangen wird, werden die in Abschnitt 3.4.2 beschriebenen Gütekriterien thematisiert, welche im vorherigen Teil der wissenschaftlichen Arbeit noch nicht bewertet wurden.

Aufgrund der ausführlichen Herleitung und Beschreibung der hier vorliegenden Untersuchung ist sowohl die Verfahrensdokumentation als auch die

Regelgeleitetheit gegeben. Die Ergebnisse sind dadurch transparent in ihrer Entstehung und für Außenstehende nachvollziehbar. Auch das Kategoriesystem ist regelgerecht entstanden und dokumentiert. Dieses ist an den Theorierahmen angelehnt und mit Literaturquellen versehen. Somit spiegelt es die wichtigsten Punkte der theoretischen Grundlage wider. Darüber hinaus bilden die Ankerbeispiele im Kodierleitfaden ein interpretationssicheres Verständnis der Kategorien. Dies ist Grund für die Erfüllung des Gütekriteriums der argumentativen Interpretationsabsicherung und zielt noch einmal auf die Regelgeleitetheit ab. Wie bereits erwähnt, garantiert die Auswahl der Interviewpartner eine Triangulation und auch einen Querschnitt der verschiedenen am Markt existierenden Krankenversicherungen. Abschließend sind alle für die vorliegende Forschung relevanten Gütekriterien erfüllt und sichern die Qualität der Erhebung ab.

3.5.1 Beschreibung der Ergebnisse

Dieser Abschnitt befasst sich mit der deskriptiven Darstellung der Interviewergebnisse. Alle direkten und indirekten Zitate aus den Interviews sind im Folgenden zu sehen und bei direkter Zitierung auch kursiv gekennzeichnet. Eine allgemeine Übersicht der absoluten Häufigkeiten der verwendeten Kategorien bietet eine Einführung in die deskriptive Beschreibung der qualitativen Forschung und ist in der folgenden Abbildung 3.2 ersichtlich. Die farbliche abstufende Kennzeichnung lässt eine direkte Auffassung der Häufigkeiten zu. Je häufiger die Kategorien in den Interviews Anwendung finden, desto mehr kennzeichnet die Darstellung diese durch eine dunkle Verfärbung.

Codesystem	E1	E2	E3	E4	E5	E6	E7	E8
Kundenbedürfnisse und Kundenerwartungen	5	8	3	8	1	6	8	6
Ganzheitliche Sicht auf Kontaktpunkte	4	8	5	6	3	7	4	10
Rolle der Mitarbeiter	2	1	2	6	5	2		5
Interdisziplinäre Zusammenarbeit	8	2	4	4	4	1	4	5
Nutzung von Kundenfeedback	4	5	3	4	1	2	6	3
Methoden der Erfolgsmessung	3	3	5	2	1	1	3	1
Beispiele für Kundenorientierung/Kundenzentrierung	8	2	9	2	1	7	6	7
Strategische Verankerung im Unternehmen	2		3	2	2	5	3	3
Herausforderungen und Entwicklungspotential	11	17	10	13	14	11	12	12
Lösungsansätze	6	22	5	9	12	9	10	4

Abbildung 3.2 Kodierungs-Matrix. (Quelle: Eigene Auswertung aus MAXQDA)

Für die Kodierung „Kundenbedürfnisse und Kundenerwartung" reicht die Häufigkeit von eins bis acht. Die Kodierung „Ganzheitliche Sicht auf Kontaktpunkte" zeigt eine ähnliche Verteilung bei Häufigkeiten von drei bis zehn. Beide Themen werden von allen Experten angesprochen. Die Kodierung „Rolle der Mitarbeiter" wurde hingegen seltener thematisiert und weist mit einer Häufigkeit von null bis sechs auch eine fehlende Thematisierung im vorletzten Interview mit E7 aus. Auch die Kodierung der „Interdisziplinären Zusammenarbeit" findet eine gleichmäßige Anwendung in allen Interviews. Dabei variieren die Häufigkeiten von zwei bis acht. Das Thema „Nutzung von Kundenfeedback" ist mit Häufigkeiten von eins bis sechs ähnlich moderat vertreten. Gleichfalls ist die Kodierung „Methoden der Erfolgsmessung" mit Häufigkeiten von eins bis fünf bei allen Probanden benannt. Bei „Beispiele für Kundenorientierung/Kundenzentrierung" findet eine ungleichmäßige Verteilung der Kodierung statt. So variieren die Häufigkeiten von eins bis neun und anhand der roten Einfärbung verdeutlicht sich, dass häufiger Beispiele in den Interviews von E1, E3, E6 und E8 auffindbar sind. Die Kodierung „Strategische Verankerung im Unternehmen" ist die zweite Kategorie, welche nicht überall vertreten ist. So findet sie sich nicht im Interview von E2 wieder. Ansonsten ist die Kodierung gleichmäßig verteilt und wird mit einer moderaten Häufigkeit zwischen zwei und fünf benannt. Die letzte Kodierung „Herausforderungen und Entwicklungspotential" ist in allen Interviews häufiger als die bisherigen Kategorien auffindbar. Dies zeigt die dunklere Einfärbung der Abbildung 3.2 bereits visuell. Die Häufigkeiten variieren zwischen zehn und 17. Die zugehörige Unterkategorie der „Lösungsansätze" ist ähnlich häufig auffindbar und hat die größte Streuung der vorliegenden Kategorien. Die Häufigkeiten unterscheiden sich zwischen vier und 22. Im Vergleich aller Häufigkeiten der Kodierung ist die meistgenutzte Kategorie die der „Herausforderungen und Entwicklungspotentiale". Dies kennzeichnet sich durch die überdurchschnittlich hohe Nennung und kann helfen, den Schwerpunkt der qualitativen Forschung zu identifizieren. Die quantitative Beschreibung der vorliegenden Daten ermöglicht die weitere systematische Analyse der Interviews. Die deskriptive Statistik liefert eine objektive Grundlage für die spätere Interpretation der qualitativen Daten und unterstützt die Argumentation und Schlussfolgerungen in Form der Handlungsimplikationen. Im Folgenden sind dafür pro Kategorie die Erkenntnisse zusammengeführt und konkrete Zitate der Probanden verstärken die Aussagen. Nicht jede Kategorie findet sich in jedem Interview wieder. Dies ist stets erläutert und auch in der obigen Abbildung 3.2 ersichtlich. Die Reihenfolge der Auswertung weicht von der Anordnung der Abbildung 3.2 ab, da diese logisch und argumentativ verbunden sind und aufeinander aufbauen.

Der Gesprächseinstieg in die Interviews besteht aus der Frage, welche Rolle die Kunden im Unternehmen einnehmen. Dies bezieht sich auch bei den externen Experten auf die Krankenversicherung. Trotz der gleichen Fragestellung nehmen die Interviews verschiedene Richtungen ein und es lassen sich unterschiedliche Fokuspunkte feststellen, die sich nicht in die Kategorien einordnen lassen. Während sieben der Probanden eine direkte Erklärung der Kundenrolle thematisieren, konzentriert sich ein Proband auf die Einarbeitung von Feedbacks der Kunden und die Wichtigkeit der Einbindung ins Unternehmen (vgl. Anhang 6, S. 30, Z. 25–28). Unabhängig voneinander bezeichnen die Probanden den Kunden als *„wichtigsten Aspekt“* (Anhang 11, S. 80, Z. 27) oder als einen *„entscheidenden Faktor für die Krankenkasse“* (Anhang 8, S. 50, Z. 29). E7 bezeichnet die Kunden sogar als *„das Wichtigste, weil unser Unternehmen oder jedes Unternehmen wäre ohne den Kunden nicht existent“* (Anhang 10, S. 68, Z. 23 f.). Dennoch verdeutlichen die Antworten auch erste kritische Hinterfragungen bei der Kundenrolle innerhalb der Krankenversicherung. So antwortet E1 eingangs direkt auf die Frage mit: *„Die Rolle der Kunden im Unternehmen. Ich darf ja ehrlich antworten. Dann ist es etwas, was wir uns die ganze Zeit sagen, was das Wichtigste ist, und zwar die Kunden in den Fokus zu setzen. Aber wir durchaus große Schwierigkeiten haben, das in der Praxis tatsächlich anzuwenden.“* (vgl. Anhang 4, S. 8, Z. 27–30). Dieser Einstieg mit dem Fokus auf die Kunden führt direkt in die erste Kategorie und zu den Beispielen für Kundenorientierung und Kundenzentrierung, die die Rolle der Kunden noch einmal genauer erörtert.

Beispiele für Kundenorientierung und Kundenzentrierung:

Alle Befragten geben Beispiele für diese Kategorie. Zusätzlich zu Praxisbeispielen ist auch die Interpretation von kundenorientiertem Handeln entscheidend. So beschreibt E5 die Kundenorientierung *„(...) wenn ein Unternehmen bedarfsgerecht auf seine Endkunden zielgruppenspezifisch, aber auch natürlich irgendwie im Bereich Service und Leistung auf die Wünsche und Bedürfnisse der Kunden eingeht.“* (Anhang 8, S. 51, Z. 82 ff.). Um diese Kundenorientierung im Unternehmen durchzuführen, braucht es das Wissen um die Wünsche und Bedürfnisse der Kunden. Ein großer Fokus stellt somit die Integration von qualitativem und quantitativem Feedback der Kunden in Serviceentwicklungen dar (vgl. u. a. Anhang 4, S. 15, Z. 369–372; Anhang 6, S. 30, Z. 26–28). Ausgehend von diesen Daten wird in Form von Workshops, kreativen Methoden oder größeren Projekten alles verarbeitet und die daraus entstehenden Prozesse und Service basieren auf den Kundenfeedbacks (vgl. u. a. Anhang 9; S. 59, Z. 25 ff.; Anhang 10, S. 71, Z. 89 ff.). Bei den externen Unternehmensberatenden findet sich die Kategorie insgesamt weniger häufig, da diese nur in Teilen von Beispielen aus ihrer Praxis und von Kunden berichten. Beratend versuchen diese durch Hinweise Kundenorientierung in den Unternehmen zu verankern. Zum Beispiel beschreibt E4 die Kundenorientierung als wichtigen Punkt um *„(...) nicht nur ganz allgemein im Markt und dann an der Zielgruppe vorbei zu testen. Sondern wirklich ein Pool von Versicherten haben."* (Anhang 7, S. 43, Z. 204 ff.). Kundenorientierung ist iterativ und beläuft sich nicht auf ein einmaliges Vorgehen. Im besten Fall ist die Nutzung von Kundenfeedback als ein ständiges Instrument und eine Sichtweise im Unternehmen bei jeglichen Prozessen selbstverständlich. Dabei beschreiben alle stets die Arbeit im eigenen Bereich (vgl. u. a. Anhang 6, S. 36 f., Z. 330–335; Anhang 9, S. 59, Z. 36 f.).

Bei der Kundenzentrierung findet sich bisher lediglich eine Krankenversicherung, welche explizit dieses Vorgehen verfolgt. Im Gespräch mit E8 fällt an vier Stellen das Wort Kundenzentrierung und in diesem Zusammenhang auch die Umsetzung innerhalb des Unternehmens. Auf Nachfrage beschreibt E8 Kundenzentrierung als *„den Kunden in den Mittelpunkt unseres Handelns zu setzen und unsere Prozesse oder eigentlich alle Geschäftsvorfälle so auszurichten, dass es den Kunden berücksichtigt. Und eben Bedürfnisse, Wünsche und Erwartungen bestmöglich erfüllen kann."* (Anhang 11, S. 80, Z. 40–43). Bei den externen Unternehmensberatenden kommt der Begriff deckungsgleich vor und ergänzt sich durch den Zusatz: *„dass man die Bedürfnisse, die individuellen Anforderungen des Kunden kennt und somit Produkte, Marketingmaßnahmen und so weiter und so fort komplett dahingehend ausrichtet, um möglichst flexibel und anpassungsfähig zu reagieren, falls sich diese Kundenanforderungen auch ändern."* (Anhang 9, S. 59, Z.34 ff.). Dieses längere Statement steht für die externe Sicht auf die Krankenversicherung und findet sich in ähnlicher Form auch bei den anderen externen Unternehmensberatenden wieder. Diese bezeichnen die teilweise vorhandene Kundenorientierung als Kundenservicebrille mit Erwartungsmanagement, stückweise silogesteuerte Verbesserungen oder als nicht ganzheitliche Kundenzentrierung (vgl. Anhang 5, S. 19, Z. 124; Anhang 7, S. 40, Z. 63 f.). Dies passt zum Bezug der internen Probanden, welche stets von ihrer Abteilung berichten und nicht dem gesamthaften Unternehmensusus. Im ersten Interview beschreibt E1 den eigens definierten Unterschied zwischen Kundenorientierung und Kundenzentrierung und arbeitet heraus, dass der Status Quo in Form der Kundenorientierung noch nicht ganzheitlich die datenbasierte Bedürfniswelt der Kunden auf Prozessveränderungen berücksichtigt. Der noch fehlende Schritt, um von einer ganzheitlichen Kundenzentrierung bei Krankenversicherungen zu sprechen, ist die tatsächliche unternehmensweite Umsetzung dieser Arbeitsform (vgl. Anhang 4, S. 10, Z. 127–143). Dies führt zur nächsten Kategorie und der ganzheitlichen Sichtweise auf die verschiedenen Kundenkontaktpunkte.

Ganzheitliche Sicht auf Kontaktpunkte:
Im Rahmen der Interviews ist die ganzheitliche Sichtweise auf Kontaktpunkte allgegenwärtig und alle Befragten beschreiben diesen Fokus in verschiedener Form. Die sogenannte *„360 Grad Sicht“* kommt in drei Interviews unabhängig voneinander vor und meint eine allumfassende Sicht auf den Kunden (vgl. Anhang 6, S. 33, Z. 155; Anhang 7, S. 44, Z. 232; Anhang 8, S. 53, Z. 160). Die weiteren Interviews thematisieren diese ganzheitliche Sicht ebenfalls. E7 beschreibt das Vorgehen unter einem bestimmten Anliegen *„(...) alle Kontaktpunkte, alle Services, auch alles, was drumherum passiert, beim Kunden miteinzubeziehen.“* (Anhang 10, S. 69, Z. 47 f.). Aus externer Sicht beschreibt E2 diesen holistischen Ansatz mit den Worten *„(...) Das heißt, du betrachtest zukünftig nicht mehr einzelne Kontaktpunkte oder einzelne Schritte in dem Prozess, sondern du versuchst dir quasi vorzustellen, was passiert davor? Was passiert danach? Wie geht es weiter und hast diesen kontextuellen Zusammenhang.“* (Anhang 5, S. 19, Z. 114 f.). Es geht dabei um die verschiedenen Kontaktarten und Kanäle, mit denen die Krankenversicherung im Rahmen der dynamischen Entwicklungen konfrontiert ist, und welche in eben diesem kontextuellen Zusammenhang zu betrachten sind. Dabei nennen die Experten den digitalen Kanal, zum Beispiel Chat oder Website, genauso wie den persönlichen Ansprechpartner, das Telefon oder die analoge Kontaktart der Formulare bei einer Versicherung (vgl. u. a. Anhang 7, S. 41, Z. 105 ff.; 111 ff.; Anhang 9, S. 65, Z. 298 f.). In dieser Hinsicht sprechen die externen Befragten auch vom *„Omnikanalmanagement“* oder *„Multi Channel Ansatz“*, welches eine Aufgabe im Management der Kontaktpunkte darstellt (vgl. Anhang 5, S. 25, Z. 410; Anhang 9, S. 61, Z. 107). Keine der befragten Krankenversicherungen fasst die Tätigkeiten unter diesen Begrifflichkeiten zusammen, vielmehr beschreiben sie die Vorgehensweise zum Beispiel als jegliche *„kundenbezogenen Prozesse“* (vgl. Anhang 8, S. 51, Z. 70). Deutlich ist in den Ausführungen, dass es nicht nur um die allgemeine Aufnahme aller Kontaktpunkte und die Übersichtlichkeit dieser geht. Es geht darum, Optimierungen zu finden, um *„einheitlicher und konsistenter auch in unterschiedlichen Kanälen zu kommunizieren.“* (Anhang 4, S. 12, Z. 233 f.). Alle Experten verwenden in den weiteren Ausführungen besonders das Wort der *„Customer Journeys“* oder zu deutsch *„Kundenreisen“* (vgl. u. a. Anhang 10, S. 68, Z.40), welches ein Tool für die Arbeit mit ganzheitlichem Blick auf die Kunden darstellt. In allen Interviews ist die Nutzung dieser Wörter vorhanden und beschreibt die Abfolge der Kontaktpunkte wo ein Kunde *„(...) über einen gewissen Zeitraum ja Interaktionen mit einer Krankenversicherung hat (...)“* (Anhang 9, S. 66, Z. 338 f.). Bei E8 werden die Kundenreisen ähnlich definiert: *„Eine Kundenreise ist bei uns definiert als eine Aneinanderreihung von Kontaktpunkten, die das gleiche Thema haben. Das heißt, es ist der Start einer*

anlassinduzierten Reise mit, mit, mit unserem Unternehmen, mit der Y. Da gibt es mit Sicherheit auch Überlappungen" (vgl. Anhang 11, S. 88, Z. 360 ff.). Diese Kundenreisen sind in allen befragten Krankenkassen in Gebrauch, und jeder Experte erklärt das Vorgehen unterschiedlich. Zum einen beschreibt die Kundenreise einen iterativen Prozess, welcher nie beendet ist und sich stetig mit neuem Feedback weiterentwickelt (vgl. u. a. Anhang 6, S. 35, Z. 265–267; Anhang 10, S. 73, Z. 176–182). Zum anderen beschreiben andere Krankenkassen die Kundenreisen als etwas, was den ganzen Verlauf eines Anliegens von Kunden beschreibt und *„End-to-End"* kundenseitig den Prozess durchläuft (vgl. Anhang 8, S. 57, Z. 324). Alle externen Beratenden und auch eine Krankenversicherung sprechen zusätzlich vom Ansatz einer *„Touchpoint-Matrix"*, *„Touchpoint-Analyse"* oder auch dem kausalen Zusammenhang der Häufigkeit von Touchpoints und Emotionen (vgl. Anhang 5, S. 25, Z. 398–401; Anhang 9, S. 65, Z. 296; Anhang 11, S. 83, Z. 178 f.). E8 unterscheidet bei dem Journey Management auch noch die zusätzliche Matrix der Kontaktpunkte, welche sich in *„Breiten- und Tiefenwirkung"* einordnen. Diese Krankenversicherung unterscheidet also die Quantität des Vorkommens des Kontaktpunktes und die Qualität in Bezug auf die Emotionalität und somit Relevanz für den Kunden. Alle Kontaktpunkte der durchgeführten Kundenreisen sollen sich auf dieser Matrix wiederfinden. Die Krankenversicherung ist folglich die einzige der Befragten, die die Ausführungen von den externen Beratenden bereits aktiv ausübt (vgl. Anhang 11, S. 84, Z. 179–186). E7 erläutert: *„Und über diese zwei Dimensionen beschreiben wir dann die sogenannten Key Touchpoints auf der Kundenreise, auf die der Fokus gelegt wird in der Weiterentwicklung."* (Anhang 11, S. 84, Z. 184 ff.). Damit alle Kontaktpunkte des Unternehmens überhaupt gesammelt werden, bedarf es der aktiven gemeinschaftlichen Zusammenarbeit. Insgesamt gibt es auch an mehreren Fundstellen Hinweise auf die übergreifende Zusammenarbeit der Fachbereiche, um die es in der folgenden Kategorie gehen soll.

Interdisziplinäre Zusammenarbeit

Bei der Zusammenarbeit lassen sich diverse Unterschiede in der internen und externen Sichtweise beobachten. Alle Befragten geben Hinweise zu dieser Kategorie. Die Krankenversicherung führen die Vernetzungen der verschiedenen Bereiche und Kanäle auf und sprechen dabei von *„Kanalverantwortlichen"* oder *„prozessverantwortlichen Fachexperten"* (u. a. Anhang 6, S. 34, Z. 216–220; Anhang 11, S. 84, Z. 205; 213) oder berichten vom stattfindenden Einbezug der Managementebene sowie Kollegen aus der operativen Praxis (vgl. u. a. Anhang 4, S. 9, Z. 77 ff.; Anhang 6, S. 32, Z. 119–122; Anhang 9, S. 63, Z. 201–204). Die externen Unternehmensberatungen erläutern dabei, dass die Zuständigkeiten der verschiedenen Bereiche und die dazugehörigen Tätigkeiten noch nicht vollkommen vernetzt ablaufen und beschreiben die übergeordneten Zusammenarbeit mit Beispielen aus der Praxis, wo sie beratend Möglichkeiten zur Verbesserung vorschlagen. Dabei setzen sie auf Lösungen wie wiederkehrende Hospitationen bei Kollegen aus der Praxis, Product Ownership Verantwortlichkeiten zur Koordinierung oder Commitment als Kulturaufgabe, um die Zusammenarbeit zu fördern und Zuständigkeiten festzulegen (vgl. Anhang 7, S. 44, Z. 244; Anhang 9, S. 63, Z. 206 f.). Dabei betitelt E2 die verschiedenen Zuständigkeiten wie folgt: *„Jeder hat sein Tagesgeschäft, jeder hat seinen Bereich, (...) ist Experte für etwas."* (Anhang 5, S. 20, Z. 149 f.). Dennoch braucht es aus der Sicht dieses Experten die übergreifende Zusammenarbeit, da ohne die ganzheitliche Betrachtung und das Involvement anderer Abteilungen keine Veränderung des ganzheitlichen Kundenerlebnisses erfolgt (vgl. Anhang 5, S. 20, Z. 184–188). Dieser Ansicht sind auch die anderen Experten der Unternehmensberatung, welche es als Commitment der verschiedenen Organisationsbestandteile sehen, die bei dem gleichen Anliegen aus Kundensicht kooperieren und somit zusammen arbeiten müssen, um ein nahtloses Erlebnis zu kreieren (vgl. Anhang 7, S. 45, Z. 307–313; Anhang 9, S. 62, Z. 205–208). Die interdisziplinäre Arbeit findet in allen befragten Krankenversicherungen während der gemeinsamen Bearbeitung von Kundenreisen statt. Dabei stellen Fachabteilungen spezifische Experten für das jeweilige Thema und zusätzlich unterstützen Kundenberatende aus dem Service. E7 umschreibt es auch als *„zusammentrommeln all derjenigen, die Aktien in dem jeweiligen Thema haben, also irgendwelche Prozesse, die in diesem Scope liegen"*(vgl. Anhang 10, S. 71, Z. 58 f.), während E5 vor allem auch auf die prozessual Beteiligten wie Unternehmensorganisation, Unternehmensentwicklung oder die methodische Begleitung durch die Experten selbst eingeht (vgl. Anhang 8, S. 54, Z. 190 ff.). Im Krankenversicherungskontext und dem allgemeinen Liniengeschäft finden *„Vernetzungsdialoge"* oder *„Runden auf Abteilungsebene"* statt (vgl. Anhang 4, S. 12, Z. 214; Anhang 6, S. 32, Z. 96). Die Experten selbst betiteln ihre interdisziplinäre Arbeit auch als Sonderstellung im Unternehmen. E1 bezeichnet die Arbeit als *„Querschnittsfunktion"* und Ausnahme sowie eine neue Form der Zusammenarbeit innerhalb des Unternehmens, welche teils erstmalig in dieser Art und Weise stattfindet. So beschreibt E1: *„(...) und wir das auch komplett neu in der App entwickeln. Und das ist auch zum ersten Mal, dass wir halt wirklich sehr interdisziplinär zusammenarbeiten."* (Anhang 4, S. 15, Z. 345 f.). Diese Form der Arbeit birgt durch seine Neuartigkeit auch Formen der Widerstände und Herausforderungen, die E5 jedoch als positiv einstuft, da man so in einen regen Austausch gerät (vgl. Anhang 8, S. 54, Z. 215–218). In der Krankenkasse von E8 sind bereits Multiplikatoren aus Fachabteilungsebene ausgebildet, welche diese Zusammenarbeit und Denkweisen der Kundenreisen in die weiteren Abteilungen transportieren sollen, was die kollaborative Arbeit weiterträgt. Sie achten bei der Zusammenarbeit stets darauf, dass sie Kundenreisen nicht von Multiplikatoren des eigenen Themenbereichs durchführen lassen, sondern dabei distanziert vom eigentlichen Thema sind. So beschreibt E8: „*Also so versuchen wir dann auch wirklich sicherzustellen, dass diejenigen Kolleginnen, die verantwortlich sind für die Journey Analyse, weit oder maximal weit weg von diesem Prozess sind, um eben wirklich diese Kundensicht in den Fokus rücken zu können und nicht gefärbt in die Kundenreise einzusteigen.*“ (vgl. Anhang 11, S. 89 f., Z. 449–452). Insgesamt finden sich in allen befragten Krankenversicherungen Ansätze der interdisziplinären Zusammenarbeit wieder, die aber laut Expertenansicht noch nicht vollständig erfolgt. Die Symbiose aus Zusammenarbeit und der ganzheitlichen Sichtweise auf die Kontaktpunkte im Unternehmen ist vor allem durch die dynamische Veränderung von Kundenbedürfnissen und Kundenerwartungen gefordert. Diese sind im Folgenden erläutert.

Kundenbedürfnisse und Kundenerwartungen

Das Wissen um die Kundenbedürfnisse ist in allen Experteninterviews an verschiedenen Fundstellen benannt. Diese Entwicklung und Wahrnehmung der Erwartungen und Kundenbelange fasst E2 von außen betrachtet als große Veränderung im Krankenkassenwesen zusammen, welche nun nicht mehr den Datensatz eines Kunden betrachtet, sondern vielmehr als Individuum mit eigenen Bedürfnissen gesehen wird (vgl. Anhang 5, S. 17, Z. 37–41). Die befragten Krankenversicherungen betrachten aus ihrer Position heraus bei Service- oder Produktentwicklung die Kundensicht als zwingend notwendig. Erst durch Hinterfragen der Bedürfnisse und Erwartungen von Kunden können passgenaue Lösungen entwickelt werden, welche das Problem oder Anliegen der Kunden lösen können (vgl. Anhang 4, S. 9, Z. 67 ff.). Mehrere Beispiele sind in den verschiedenen Interviews zu finden. Vor allem bei digitalen Produktentwicklungen, wie beispielsweise einer App oder der Online-Filiale, nutzen die Krankenversicherungen die Kundenbedürfnisse und Kundenresonanzen (vgl. u. a. Anhang 4, S. 16, Z. 382–385; Anhang 6, S. 30, Z. 42–49). Die Probanden geben mehrere Beispiele für die zeit- und ortsunabhängige digitale Kommunikation, wie Chat, Chatbot, Erinnerungsservice, Self-Service-Dienste oder Status und Push-Nachrichten (vgl. u. a. Anhang 7, S. 48, Z. 430 f.; Anhang 9, S. 61, Z. 131; Anhang 10, S. 75, Z. 250). Alle Beispiele und das Wissen, dass es „*direkt*“ erledigt werden kann, ohne „*irgendwelche Warteschleifen*“ beziehen sich auf die online Kontaktpunkte (vgl. Anhang 9, S. 61, Z. 130). Dennoch betonen die Probanden, dass sie auch die Berücksichtigung der Sensibilität von Themen erkennen. So beschreibt E3 die vielfältigen digitalen Möglichkeiten und unterstreicht beim Thema Pflege: *„Wir nehmen das aber auch gern am Telefon entgegen. Wir sind aber auch gerne für die Leute in der Geschäftsstelle da.“* (Anhang 6, S. 34, Z. 235 f.). Auch E5 betont dabei, dass nur durch das Hinterfragen der Erwartungen und Bedürfnisse an die Krankenkasse auch eine Kundenzufriedenheit stattfinden kann und dies einen relevanten Faktor darstellt (vgl. Anhang 8, S. 50, Z. 42 f.). Dabei ist es unerlässlich, das Problem der Kunden zu verstehen, um bedarfsgerechte Hilfe auf dem gewählten Kanal zu leisten. Das *„Eintauchen“* in diese Bedürfnisse und die Perspektive der Kunden unterstützt dabei, das ganzheitliche Kundenerlebnis in den Vordergrund zu stellen. Die Anforderung der Kunden ist ein Erlebnis aus *„einem Guss“* und ohne etwaige *„Störgefühle“*, so wie sie es von anderen Dienstleistern am Markt kennen (vgl. Anhang 10, S. 75 f., Z. 266; 276 f.). Diese Anforderungen erkennen drei der befragten Krankenkassen als wichtig an. So beeinflusst Kunden die Erzählungen anderer genauso wie Serviceerlebnisse weiterer Branchen und den unbürokratischeren Umgang dort (vgl. u. a. Anhang 10, S. 75, Z. 239–250). Dabei führt E8 aus: *„Wenn man an die großen Big Tech Unternehmen denkt, dann kommt schnell der Gedanke auf: „Mensch, warum kann das meine Krankenkasse eigentlich nicht?“* (Anhang 11, S. 83, Z. 137–144). Auch sind die Schnelllebigkeit und Eigendynamik der heutigen Zeit eine Thematik, die zu den flexiblen Veränderungen der Kundenbedürfnisse führen. E6 beschreibt diese Veränderung mit den Worten: *„Und wir sehen es bei uns selber auch. Wir haben heute Lust, uns dieses Produkt anzuschauen. Dann gibt es eine Innovation, da haben wir eher Lust auf ein anderes Produkt und so muss man das im Krankenversicherungsbereich eben auch sehen. Es wird sich ständig ändern, es gibt ständig Veränderungen.“* (Anhang 9, S. 64, Z. 54–58). Auch die Krankenversicherungen erkennen, dass Kundenbedürfnisse nicht *„statisch“* sind: *„Sie sind hoch dynamisch und entwickeln sich natürlich weiter“* (Anhang 11, S. 86, Z. 286 f.). Dennoch betrachten sie realistisch die Bedürfnisse und den möglichen Erfüllungsgrad. Es ist eine ständige Dynamik zwischen Machbarkeit, Kundenbedürfnis, Unternehmenszielen, bürokratischen Hürden und interner Abstimmung. Die verschiedenen Perspektiven, vor allem zwischen Kundenbedürfnis und Unternehmensbedürfnis, wägen sie stets ab mit dem Ziel *„im Endeffekt den besten Schnittpunkt von beiden Welten zusammenzubringen“* (Anhang 4, S. 9, Z. 48 f.). Auch die individuellen Belange von Kunden sind dabei zu nennen. Die Heterogenität von Alter, Anliegen und Kontaktkanälen beschäftigt alle Probanden. Die aktuelle Aufgabe der Krankenversicherungen ist es, die Bedürfnisse eines jeden individuell zu berücksichtigen. Sie bezeichnen den Service und das Erlebnis als das *„A und O“* (vgl. Anhang 9, S. 66, Z. 347). Folglich ist die Berücksichtigung der Bedürfnisse eine bekannte Aufgabe in den Krankenversicherungen, welche vor allem in der Entwicklung von Online-Service und Produkten eingebunden wird. Hier verortet E6 auch die Chance, Kunden ein *„individualisiertes Gefühl zu geben"* (Anhang 9, S. 60, Z. 84), und E7 unterstreicht dabei den Vorteil, dass Kunden eher weniger von den Versicherungen erwarten. Dabei beschreibt E7: *„Ist ja auch nicht selbstverständlich, weil für viele ist die Krankenversicherung auch eine Behörde, eher so etwas staubiges. Und da finde ich, haben wir als Krankenkasse auf jeden Fall den Vorteil im Gegensatz zu Apple oder Google, dass wenn wir ein tolles Kundenerlebnis schaffen, dass wir die Möglichkeit haben, da wirklich positiv zu überraschen (...)"* (Anhang 10, S. 80, Z. 463–466). Durch bedürfnisgerechte Erledigung und Reaktionen auf Kundenanliegen in Form eines ganzheitlichen Erlebnisses können Kunden bereits Begeisterung empfinden (vgl. u. a. Anhang 7, S. 40, Z. 67 f.; Anhang 9, S. 66, Z. 348; Anhang 10, S. 80, Z. 465 ff.). Trotz der häufigen Erwähnung von Kundenbedürfnissen und Kundenerwartungen finden sich in den Interviews keine Praxisbeispiele für konkrete Bedürfnisse wieder. Ein wichtiger Punkt ist dennoch die Nutzung von Kundenresonanzen innerhalb der Unternehmen, um auf diese entgegengebrachten Wünsche reagieren zu können. Im Folgenden wird deswegen die Nutzung von Kundenfeedback zusammengefasst.

Nutzung von Kundenfeedback

Beim Kundenfeedback werden gemäß des Kodierleitfadens alle Resonanzen der Kunden erfasst. In allen Interviews ist das Thema durch Beschwerdemanagement, Feedback, qualitativer und quantitativer Kundeninterviews sowie den *„Fußabdrücken im digitalen Raum"* vertreten (vgl. Anhang 11, S. 81, Z. 57 f.). Die Krankenkassenmitarbeiter gehen konkret auf die Einbindung und Arten von Feedback ein, und auch die Unternehmensberatenden beschreiben die vielfältigen Möglichkeiten der Verarbeitung von Kundenresonanzen. Alle Probanden verbinden die Verarbeitung und das Nachvollziehen von Kundenbedürfnissen mit Optimierungen (vgl. u. a. Anhang 4, S. 13, Z. 248–251; Anhang 6, S. 30, Z. 27 f.). Drei der Krankenversicherungen erläutern in diesem Zuge auch die Beschwerdeverarbeitung durch *„Beschwerdemanagement"*. Sie sehen es als wertvollen Hinweis von Kunden, um Verbesserungen im Service oder bei Kontaktpunkten anzustoßen (vgl. Anhang 8, S. 51, Z. 53–56; Anhang 10, S. 71, Z. 62; Anhang 11; S. 81, Z. 53). Um die bestmöglichen Ergebnisse zu erzielen, beobachten die Mitarbeiter der Krankenversicherungen nicht nur Datenpunkte oder Zahlenmaterial wie beispielsweise Klickraten auf der eigenen Website. Vielmehr geht es ihnen darum, die Kunden zu verstehen und *„O-Töne"* zu erhalten (Anhang 6, S. 30, Z. 27). E2 betitelt diese tiefergehenden Analysen auch als *„voice of the customer"* und beschreibt damit vor allem die offenen Kommentare, die mit all den Datenpunkten im Unternehmen zusammenlaufen (vgl. Anhang 5, S. 27, Z. 487–491). Die externe Sicht von E6 beschreibt die verschiedene Herangehensweise und Daten auch als Auswertung in unterschiedlichen Strukturen (Anhang 9, S. 59, Z. 32 f.). Diese unterschiedlichen Strukturen finden sich bei allen befragten Krankenversicherungen wieder. Am deutlichsten hat es die Krankenversicherung von E8 formuliert. Diese hat verschiedene Säulen von Feedback. „*Wir unterscheiden bei uns in der Y zwischen explizitem Feedback, das heißt Lob und Beschwerdemanagement, alles was wirklich proaktiv vom Kunden an uns herangetragen wird. Zweite Säule ist das reaktive Feedback. Das ist eigentlich nichts anderes als die Befragungen. Das heißt, wir gehen auf den Kunden zu und bekommen reaktiv eine Rückmeldung des Kunden. Und die dritte Säule ist bei uns das implizite Feedback, das heißt alles, was wir beobachten, lesen, sehen können. Insbesondere, ich würde mal sagen Fußabdrücke im digitalen Raum über Social Media etc.*" (vgl. Anhang 11, S. 81, Z. 52–58). Auch die anderen Krankenversicherungen unterscheiden zwischen den unterschiedlichen Formen von Kundenresonanzen und sehen die Relevanz von statistischen Datenpunkten und zusätzlicher Nutzung von Freitextfeldern und tiefergehenden Analysen (vgl. u. a. Anhang 6, S. 33, Z. 142 f.; Anhang 10, S. 73, Z. 170 ff.). Analog der ganzheitlichen Betrachtung ist das Einbinden von Feedback ein iterativer Prozess für die Befragten. Die Krankenversicherungen E3 und E8 nutzen eine „*Change Maker Community*" *oder* „*Tester Community*" mit denen sie diese wiederkehrenden Feedbackschleifen durchlaufen (vgl. Anhang 6, S. 30, Z. 31; Anhang 11, S. 83, Z. 147 f.). Somit verändern die Prozesse und legen ein erneutes Feedback dagegen, auch um Veränderungen nachzuhalten. Für erfolgreiche Umsetzung von Kundenfeedback sind in allen Interviews Beispiele enthalten. Diese Resonanzen verarbeiten die Krankenversicherungen in der Analysephase und in der Vorbereitung für eine Kundenreise und E7 beschreibt: „*Also ganz wichtig. Analysieren, also analysieren und aufbereiten, sodass die Fachabteilungen, die da Aktien drin haben, gut für sich überblicken können: Was sind jetzt die Schmerzpunkte?*" (vgl. Anhang 10, S. 78, Z. 371 ff.). Die Unternehmensberatenden nutzen zusätzlich zu Kundenreisen noch eine ganzheitliche und kontextbasierte Touchpoint-Analyse und bilden somit dem Grundstein für die kontinuierliche Weiterentwicklung auf Basis von Kundenresonanzen und Kontaktpunkten (vgl. Anhang 5, S. 19, Z. 113–117; Anhang 9, S. 65, Z. 295–300). Im Allgemeinen sprechen die Probanden auch von Zufriedenheitsbefragungen und stellen hier als Metrik den Grad der Zufriedenheit in den Mittelpunkt. Sie erheben diesen durch verschiedene Kennzahlen. Im Folgenden wird daher näher auf die Methoden der Erfolgsmessung eingegangen.

Methoden der Erfolgsmessung

Die Methoden der Erfolgsmessung sind ähnlich häufig wie die Feedbackmethoden in allen Interviews vorhanden. Wie bereits erwähnt spielt der Grad der Zufriedenheit eine übergeordnete Rolle bei den Krankenversicherungen. E5 bringt die vorhandene Zufriedenheit mit einem geringen Aufkommen an Beschwerden in Zusammenhang, während sich E3 konkret auf Zufriedenheitsbefragungen bezieht. Tatsächlich sind diese zwei verschiedenen Ansichten repräsentativ für die Beschreibung von Erfolgsmessungen (vgl. Anhang 6, S. 32, Z. 141; Anhang 8, S. 51, Z. 57–61). Zum einen nutzen die Experten indirekte Werte und Metriken nachdem sie einen Prozess verändert oder einen Service entwickelt haben. Dazu zählen beispielsweise geringere Beschwerdequoten, kaum Telefonaufkommen, wenige Serviceanfragen, geringere Abbruchraten bei Online-Formularen und andere positive Reaktionen von Kunden (vgl. Anhang 7, S. 42, Z. 142–145). Zum anderen sind direkte Metriken und Abfragen wie der Net Promoter Score als Weiterempfehlungsbereitschaft oder der CSAT als Customer Satisfaction in Gebrauch. Bis auf E1 und E7 sprechen alle anderen Krankenversicherungen vom Net Promoter Score als Messmethode. Als weitere Methode der Erfolgsmessung fragen Krankenversicherungen auch direkt die Kunden nach ihrer Zufriedenheit: *„Wie zufrieden waren Sie von 1 bis 5?"* bei einem gewissen digitalen Kontaktpunkt oder in der App (vgl. Anhang 6, S. 31, Z. 70–75; Anhang 10, S. 77, Z. 352 f.). Ähnlich der Erfragung und Nutzung von Kundenfeedback ist die Zufriedenheit mehrdimensional und somit versuchen alle Probanden, auch die Hintergründe zu verstehen. Deswegen schließen sich bei der Zufriedenheitsbefragung auch die Nachfrage nach Verbesserungswünschen und ein Freitextfeld an (vgl. Anhang 10, S. 75, Z. 351). Gemessen wird *„transaktional"*, also an den Endpunkten der jeweiligen Kontaktstrecken und Kontaktpunkten der verschiedenen Kanäle (vgl. u. a. Anhang 6, S. 32. Z.72 ff.; Anhang 10, S. 77, Z. 338 f.). E5 ergänzt mit den Worten, dass *„alleine eine Kennzahl beziehungsweise nur der NPS sag ich jetzt mal, Net Promotor Score, nicht ausreichend ist"* (Anhang 8, S. 53, Z. 134 f.). Auch die externen Beratenden unterstreichen diese Tatsache und sehen die Hinzunahme durch die *„voice oft he customer"* Daten, wie beispielsweise offene Kommentare, als interpretationssicher, da es die isolierte Betrachtung der Daten verhindert. Im optimalen Fall betrachten Sie diese Daten sogar im Zusammenhang mit einer Kundenreise (vgl. Anhang 5, S. 27; Z. 483 ff.). E6 geht zusätzlich auch auf die Erfolgsrelevanz ein, die von innen heraus zu messen Vorteile bringt. Durch Mitarbeiterbefragungen misst man den Grad an Kundenzentrierung und Mitarbeiterzufriedenheit (vgl. Anhang 9, S. 64, Z. 229–232). Insgesamt betrachten die Unternehmensberatenden dies noch als ausbaufähig, da sie nicht überall eine klare Zuordnung zu Kundenreise oder Kontaktpunkt nachvollziehen können (vgl. Anhang 5, S. 27, Z. 497–500; Anhang 7, S. 42, Z. 163–168). Der richtige Erfolg drückt sich für Krankenversicherungen zusammenfassend vor allem in den indirekten Metriken aus, wie den Veränderungsraten von quantitativen Messdaten oder einer Verbesserung in der Zufriedenheitsbefragung. Lediglich E1 bewegt sich mit den Entwicklungen von digitalen Service in einer anderen Richtung und wertet den Service dann als erfolgreich, wenn sich vorher festgelegte Hypothesen verifizieren lassen. Sie bewerten also nicht einen reinen Rückgang von Abbruchraten oder die vermehrte Klickzahl bei der Serviceproduktentwicklung, sondern setzen sich vorher ein Ziel, wie der „Score" auszusehen hat, um erfolgreich zu sein und eine „Wirkungskontrolle" zu messen: *„Dann werden Hypothesen aufgebaut. Es wird beschrieben, wie das Experiment aussieht, um die Hypothesen zu überprüfen, und es wird gesagt, ab wann wir Evidenz haben. Und das dann mit harten Zahlen, wenn wir Score XY erreichen. (...) und dann muss natürlich auch, wenn das Produkt raus ist, muss natürlich eine Wirkungskontrolle erfolgen."* Damit setzen sie sich als einzige befragte Krankenversicherung einen bestimmten Score als Ziel, anstatt, wie die anderen Probanden, die globale Verbesserung von jeglichen Kennzahlen zu fokussieren (vgl. Anhang 4, S. 11, Z. 169–174). Da der Erfolg im Ganzen überwiegend von der Arbeit der Mitarbeitenden abhängt, wird im weiteren Verlauf in der nächsten Kategorie deren Einfluss thematisiert.

Rolle der Mitarbeiter

Bis auf E7 haben alle Befragten dieser Kategorie zugehörige Inhalte genannt. Die Rollen der Mitarbeiter und Kollegen sind dabei vielfältig beschrieben. Schwerpunktthema ist hierbei die Informationsweitergabe und Kommunikation innerhalb des Unternehmens. Dabei wird die Wichtigkeit der Transparenz innerhalb der Krankenversicherungen von mehreren Probanden benannt. Nur auf diesem Wege kann die vorher genannte interdisziplinäre Arbeit und eine Weitergabe der Arbeitsweisen stattfinden (vgl. u. a. Anhang 8, S. 56, Z. 275 f.; Anhang 11, S. 89, Z. 436–442). Gleichzeitig sind die Mitarbeitenden ausschlaggebend für die kulturellen Veränderungen der Kundenzentrierung und deren Umsetzung. E6 fasst es mit dem wörtlichen Wunsch zusammen, dass *„alle Mitarbeitenden eines Unternehmens kundenzentriert und kundenorientiert handeln, egal ob es der Mensch ist, der sich für die IT einsetzt oder die, die direkt bei den Kundinnen und Kunden dann am Ende arbeiten."* (Anhang 9, S. 60, Z. 77–80). Zusätzlich zu diesem Einfluss durch die Mitarbeitenden auf die Umsetzung und das Erleben von Kundenorientierung gehen drei der Befragten auch auf das Thema der Verantwortlichkeit der jeweiligen Mitarbeiter ein. E8 spricht dabei von *„prozessverantwortlichen Fachexperten"*, während E4 von *„Product Ownern"* und E1 über *„Produktverantwortliche"* spricht (vgl. Anhang 4, S. 9, Z. 78. 8; Anhang 7,

S. 43, Z. 185; Anhang 11, S. 85, Z. 223 f.). Die Aufgabe und Rolle der Kollegen, welche im Customer Experience und Service Bereich arbeiten, bezeichnen andere Befragte als *„Engagement für den Kunden"* (Anhang 9, S. 63, Z. 218) oder als *„Herzstück der Krankenkasse"* (Anhang 8, S. 56, Z. 311). Die Wichtigkeit, das Know-how weiterzugeben und auch die Kundenorientierung beziehungsweise Kundenzentrierung ins Unternehmen zu tragen, ist bei allen Befragten omnipräsent. Die tatsächliche jeweilige Umsetzung lässt sich nur an den genannten Stellen erkennen. E5 wünscht sich dabei eine bessere Überführung in die Praxis und Kommunikation zwischen der operativen Ebene und dem Management, und E8 möchte die *„Wichtigkeit für das Unternehmen als Differenzierungsmerkmal noch weiter herausstellen"* (vgl. Anhang 8, S. 56, Z. 307–310; Anhang 11, S. 89, Z. 421 f.). Insgesamt ist die Rolle der Mitarbeiter ein nicht direkt erfragtes Thema, welches dennoch in den verschiedenen Beispielen und Erzählungen der Probanden mitwirkt.

Strategische Verankerung im Unternehmen

Auch bei dieser Kategorie sind in allen Interviews, bis auf jenes des externen Experten E2, Fundstellen zu finden. Das strategische Verständnis des Themas lässt sich in zwei verschiedene Richtungen unterteilen.

Die eine bezieht sich auf die Verankerung von kundenorientiertem Verhalten, welche expertenseitig bereits *„seit jeher"* vorhanden ist, aber nun *„immer wichtiger"* wird (vgl. Anhang 10, S. 76, Z. 292; Anhang 11, S. 82, Z. 142). Trotzdem sind diese Themen den Aussagen der Experten nach zu urteilen sehr ambivalent in ihrer Umsetzung. E8 beschreibt diesen Zwiespalt wie folgt: *„Dort ist der Fokus des Unternehmens dann auf ganz anderen Dingen. Und dann es auch wieder sein, dass wir vielleicht mal ein halbes Jahr oder neun Monate keine Kundenreise organisiert bekommen, obwohl es aus Kundensicht notwendig wäre"* (Anhang 11, S. 89, Z. 407–410). Bei E3 verdeutlicht sich diese Ambivalenz in der jeweiligen Umsetzung des *„Zielfeldes"*, da sie es unterschiedlich betrachten: *„natürlich macht es der eine vielleicht doch noch mal ein bisschen stärker, ist ja klar, weil er irgendwie den übergreifenden Blick hat"* (Anhang 6, S. 32, Z. 110 ff.). Die durchgängige Verankerung im Tun der Probanden aus der Krankenversicherung ist demnach unterschiedlich und es fehlt daran, dass alle *„an einem Strang ziehen"* (Anhang 8, S. 52, Z. 94).

Die andere Richtung bezieht sich auf die tatsächliche Verankerung strategischer Ziele auf Managementebene. In den befragten Krankenkassen ist diese Aufnahme gleichzeitig mit der Messung von deutlichen Kennzahlen und Unternehmenszielen verbunden. Bei den Zielen geht es um den allgemeinen

Unternehmenserfolg, welcher sich in der Kundenzufriedenheit, dem loyalen Kundenbestand oder dem Net Promoter Score, also der Weiterempfehlungsrate, niederschlägt (vgl. u. a. Anhang 4, S. 10, Z. 115 ff.; Anhang 6, S. 31, Z. 91 f.; Anhang 8, S. 52, Z. 133).

Herausforderungen und Entwicklungspotential

Die bisherigen Ausführungen gehen mit einem fließenden Übergang von Wünschen und Verbesserungen einher. Dies führt dazu, dass diese Kategorie mehr als doppelt so häufig wie die anderen Kategorien kodiert wurde und daher eine Unterkategorie der Lösungsansätze gebildet werden musste, um die bereits existierenden Lösungsansätze von den Herausforderungen zu trennen. Im Folgenden wird zunächst auf die Herausforderungen eingegangen.

Als eine globale Herausforderung bei allen Probanden steht die Integration und Konsistenz der Umsetzung von Kundenorientierung beziehungsweise Kundenzentrierung. Dabei geht es um die ganzheitliche Betrachtung und das gemeinschaftliche Arbeiten an den übergreifenden Kontaktpunkten. E1 bezeichnet diese einheitliche und konsistente Herangehensweise als „Stretch Goal" und führt aus: *„Wir probieren halt schon so gut es geht immer mehr anzustoßen, um halt einheitlicher und konsistenter auch in unterschiedlichen Kanälen zu kommunizieren. Aber das ist ein Stretch Goal und das wird noch sehr lange dauern, bis wir dort einheitlicher unterwegs sind."* (Anhang 4, S. 12, Z. 233–236). Für andere Krankenversicherungen stellen die Aufwände und das „Anschieben" dieser Vorgehensweisen einen *„Zielkonflikt"* im Unternehmenskontext dar oder es bedarf einer gewissen *„Kompromissbereitschaft"* bei der Zusammenarbeit. Das gemeinsame Verständnis dafür fehlt dabei noch in Teilen (vgl. Anhang 6, S. 35, Z. 279; Anhang 8, S. 55, Z. 227 f.). E8 bezeichnet dieses Potential als *„kulturelle to dos"* und wünscht sich einen kontinuierlichen Fokus auf diesen Themenschwerpunkt: *„Soll heißen, ich würde mir einfach wünschen, dass ein kontinuierlicher Fokus auf diesem Thema ist. Was ich beobachte, ist, dass dieses ganze Thema bei uns in Wellen abläuft. Das heißt, es gibt irgendeinen Auslöser und auf einmal sind alle Spots und Scheinwerfer auf dieses Thema gerichtet. Und dann läuft auch alles geschmeidiger. (…) Und es gibt dann auch wieder Momente, wo das komplett in den Hintergrund rückt. Beispielsweise in Jahren oder in den Monaten einer Zusatzbeitragssatzerhöhung."* (vgl. Anhang 11, S. 88 f., Z. 400–407). Dies liegt nicht zuletzt aus Expertensicht an den schwierig zuordenbaren messbaren Kennzahlen und Metriken, welche auf Managementebene fehlen oder mit Kosten- oder Steuerungszielen konkurrieren, welche nachvollziehbarer sind (vgl. u. a. Anhang 5, S. 27, Z. 481–485; Anhang 11, S. 85, Z. 252 f.). Dieser *„change process"* und die damit verbundene Moderations- und Überzeugungsarbeit, um die Kundensicht und Umsetzung der Kundenorientierung innerhalb des ganzen Unternehmens zu implementieren, ist je nach Reifegrad der Bereiche sehr unterschiedlich. Zum einen berichten die Krankenversicherungen von begeisterten Fachbereichen, die sich gern der Kundensichtweise annehmen. Zum anderen bedarf es großer Anstrengung, die Kundensicht als relevant darzustellen. Zudem gestaltet es sich als schwierig, an die notwendigen Daten zu gelangen (vgl. Anhang 10, S. 72, Z. 191). Dabei beschreibt E5: *„Also es klingt abwertend, aber es ist der Fall. Dadurch, dass ich auch in den Kundenreisen tätig bin, war das gerade auch die letzte Erfahrung und den Erfahrungswert, den ich jetzt mittragen durfte, dass wir uns aus sämtlichen Abteilungen alles zusammentragen. Und es ist ein Kuddelmuddel, sage ich jetzt mal auf gut Deutsch gesagt."* (Anhang 8, S. 53, Z. 172–175). Hier stehen auch die verschiedenen Perspektiven und Ziele der Fachbereiche im Vordergrund. Die erwähnte Überzeugungsarbeit soll dazu führen, dass der vermeintliche Zielkonflikt zwischen Kundenbedürfnissen und Unternehmensbedürfnissen und damit die Skepsis beim Vorgehen aufgelöst werden. So beschreibt E7: *„Und ich finde auch, ganz oft kommt die Situation, wo sich der Kundenwunsch und Unternehmenswunsch auch absolut die Hand geben"*. Deswegen stehen aus der Sicht von E7 die Argumentation und Kreativität bei einer Lösungsfindung im Vordergrund (Anhang 10, S. 71, Z. 150 ff.). Die Unternehmensberatenden berichten als Außenstehende, dass die Selbstverständlichkeit, einen ganzheitlichen Blick auf den Kunden und die auftretenden Touchpoints zu haben, noch nicht *„angekommen"* ist (vgl. Anhang 5, S. 19, Z. 139). E6 fasst es mit den Worten zusammen *„da sind wir aktuell noch in den Startlöchern"* (Anhang 9, S. 61, Z. 105).

Veränderungsresistenz und Verantwortlichkeit sind weitere genannte Herausforderungen. Gerade die Übergaben an andere Fachbereiche nach erfolgter Kundenreise sind verbesserungswürdig. Für die befragten Krankenversicherungen findet die alltägliche Arbeit zwischen den Bereichen unvernetzt statt: *„Ein Leistungsbereich guckt natürlich nicht nach dem Beitragsbereich. Ist ja irgendwie logisch"* berichtet E3 (Anhang 6, S. 32, Z. 112 f.). Auch E1 beschreibt die Situation wie folgt: *„Aber das Ganze wirklich übergreifend und halt auch ineinander quasi vernetzt das Ganze zu tun. Da sind wir tatsächlich noch nicht und ich glaube auch nicht, dass wir da so schnell hinkommen, weil wir schon allein mit dem Status Quo Probleme haben."* (Anhang 4, S. 11, Z. 207–210). Das einheitliche Vorgehen mit einer strukturierten Arbeitsweise und jemandem, der verantwortlich ist, wurde an verschiedenen Stellen gewünscht. Durch die fehlende Eigenverantwortung von anderen Mitarbeitenden fehlt die Durchsetzungskraft und es kann nur ein Teil dessen umgesetzt werden, was eigentlich an Veränderungen und Potential möglich ist (vgl. Anhang 5, S. 18. Z. 72 ff.; Anhang 8, S. 56, Z. 298 f.).

Weiterhin nennen die externen Befragten die gesetzlichen Restriktionen, welche die Handlungsmöglichkeiten mindern (vgl. Anhang 7, S. 45, Z. 287 ff.). Dies ist für sie jedoch kein Hindernis, Kundenorientierung trotzdem weiterhin als Ziel zu verfolgen. Vielmehr wünschen sie sich von den Krankenversicherungen, mit ein wenig mehr Mut im Bereich des Möglichen zu agieren. E9 bestärkt dies mit den Worten: *„Aber ich halte das für sehr, sehr kritisch, denn ich kann die strategische Ausrichtung haben, kundenzentriert zu sein mit dem Wissen, dass es gesetzliche Reglementierungen gibt, was mich aber nicht daran hindern sollte. Eigentlich sollten alle möglichen Maßnahmen und Maßnahmen und Tools ausprobieren, um diesem Ziel der Kundenzentrierung immer näher zu kommen.“* (Anhang 9, S. 63, Z. 187–191). Dies wünschen sich auch die Krankenversicherungen selbst, die eine ähnliche Beobachtung bei ihren mitarbeitenden Fachbereichen machen. Man muss *„am Ball bleiben“* und auch Verantwortlichkeiten festlegen (vgl. Anhang 8, S. 55, Z. 239; Anhang 10, S. 77, Z. 430 ff.). E5 äußert im Interview auch den Wunsch nach einem Customer Relationship Management Tool. Die Begründung ist die fehlende 360 Grad Sicht auf den Kunden (vgl. Anhang 8, S. 53, Z. 155; 160). In den anderen Interviews findet die Auseinandersetzung mit der ganzheitlichen Analyse der Bedürfnisse und Datenpunkte statt, es wird hierbei nicht weiter auf ein besonderes Tool oder System eingegangen. Zuletzt stehen in diesem Zusammenhang Herausforderungen der Vernetzung der analogen und digitalen Welt. Man ist in einer großen *„Lernphase“* und es kann noch nicht über Best Practices gesprochen werden (vgl. Anhang 7, S. 46, Z. 334–337; Anhang 11, S. 87, Z. 337). Ausbaufähig oder nicht vorhanden ist die Strukturierung von Kontaktpunkten und Anliegen, auch gepaart mit den Bedürfnissen (vgl. Anhang 9, S. 65, Z. 284–290; Anhang 11, S. 86, Z. 304). Damit einhergehend wird die fehlende Transparenz über alle Kontaktpunkte und den Verlauf von verschiedenen und auch sich überschneidenden Kundenreisen kritisiert. Dies führt dazu, dass verschiedene Abteilungen letztendlich versuchen, gleiche Kontaktstrecken zu optimieren und erst zu spät bemerkt wird, dass Doppelarbeiten die Folge sind (vgl. u. a. Anhang 5, S. 20, Z. 188–192; Anhang 8, S. 55, Z. 267 f.). Zusammenfassend sind die Herausforderungen und Entwicklungspotentiale vor allem in folgenden Punkten zu finden:

- Veränderungsresistenz und Verantwortlichkeiten
- Strukturierung und ganzheitliche Betrachtung von Kontaktpunkten in Form von unternehmensweiter Vernetzung und Transparenz
- Integration und Konsistenz der Kundenorientierung beziehungsweise Kundenzentrierung innerhalb des ganzen Unternehmens

- Stellenwert der Kundenbedürfnisse im Vergleich zu anderen Kennzahlen und Selbstverständlichkeit dessen

Auf die oben genannten Punkte reagierten die Probanden in den Interviews an verschiedenen Fundstellen mit Verbesserungsvorschlägen oder Lösungsansätzen. Diese werden im Folgenden dargestellt.

Lösungsansätze

Zu Beginn berichten die Versicherungen über die Moderationsarbeit. Dies zielt auf die Herausforderung der Veränderungsresistenz und den Verantwortlichkeiten ab. So erwähnen E1 und E7, dass man nicht jedes Feedback direkt und in der Form umsetzen, sondern vielmehr in die Bedürfnisfrage einsteigen solle. Diese ganzheitliche und analyseorientierte Art zu arbeiten verschafft dem Unternehmen mehr Effizienz (vgl. Anhang 4, S. 9, Z. 85 ff.; Anhang 10, S. 77, Z. 420 ff.). Es soll also nicht jede Form von Rückmeldung der Kunden gedankenlos eingearbeitet werden, sondern auch hier das unternehmerische Ziel im Fokus bleiben (vgl. Anhang 4, S. 8 f., Z. 46–49). Dies unterstreichen auch E3, E5 und E7, indem sie keine einzelnen Bausteine oder Feedbacks bearbeiten wollen, sondern anhand von hohem Beschwerdeaufkommen oder Hauptanrufgründen die Bedürfnisse und Probleme dazu nachvollziehen (vgl. Anhang 6, S. 34, Z. 207 f.; Anhang 8, S. 57, Z. 351 f.; Anhang 10, S. 77, Z. 415 ff.). Auch geht es darum, kontextbasiert Analysen durchzuführen und nicht nur die einzelnen Prozessschritte, sondern den gesamtheitlichen Hintergrund zu berücksichtigen. Dies lässt eine direkte Überleitung zu den ganzheitlichen Sichtweisen und Strukturierungen der Kontaktpunkte zu. Die Kundenreise ist in allen Interviews mit Krankenversicherungen eine Arbeitsform und Darstellungsweise des ganzheitlichen Blickes aus Kundenperspektive, welche Touchpoints aneinanderreiht und den Weg der Kunden nachvollzieht. Es ist hilfreich, die interne Kassenperspektive zu verlassen und die *„Kundenbrille"* aufzusetzen, um die reine Prozesssicht zu reduzieren und den Fokus auf den Kunden zu legen (vgl. Anhang 11, S. 81, Z. 61 ff.).

Trotz des bereits existierenden Ansatzes wünschen sich die Krankenversicherungen eine vollständig vernetzte Datengrundlage und Denkweise, sodass alle kundenbezogenen Prozesse ersichtlich und um die entsprechenden Bedürfnisse ergänzt werden. Vollständig vernetzt meint hier fachbereichsübergreifend und kanalübergreifend, damit stets das Kundenerlebnis im Vordergrund steht (vgl. u. a. Anhang 6, S. 35, Z. 249; Anhang 8, S. 51, Z. 64 ff.; Anhang 10, S. 74, Z. 293 ff.). Als einzige Krankenversicherung nennt E8 eine derartige Business Intelligence (BI) Lösung: *„Das Ganze wird bei uns abgebildet über eine BI Lösung, und dort werden alle Kontaktpunkte erstmal wie in einer Art Inventurphase gezählt* *und auch abgebildet. Ja, das ist wie eine Art Inventarisierung der Touchpoints, die zu der jeweiligen Kundenreise gehören.*" (Anhang 11, S. 84, Z. 195 ff.). So können weiterführende Lösungen und Vorschläge der externen Unternehmensberater das Kundenerlebnis auf die nächste Ebene heben. Hierzu empfehlen diese den „*Channel Mix und die individuelle Ansprache*", den Ausbau von „*Marketing Automation und Omnikanalmanagement*" oder „*Agent Assist Tools*", die bei Auswertungen und dem Überblick über Kundenresonanzen helfen (vgl. Anhang 5, S. 17, Z. 44 f.; Anhang 7, S. 48, Z. 446; Anhang 9, S. 61, Z. 107). Die Krankenversicherungen wissen, dass es nicht die Softwarelösung oder das IT-Tool sind, die die Kundenzufriedenheit und -beziehung verbessern. E5 erläutert dabei: „*Also beim Kundenbeziehungsmanagement steht ja nicht die Technik im Vordergrund, sondern eher die Dauer und die angelegten Beziehungen zum Kunden im Mittelpunkt halt.*" (Anhang 8, S. 53, Z. 156 ff.). Es geht aber um die Symbiose aus Technik und datenbasierter Übersichtlichkeit sowie Transparenz und schlussendlich der Bedürfniswelt der Kunden. Diese Dinge „*zusammenzubringen*" ist relevant und hilft Probleme ganzheitlich zu beleuchten (vgl. Anhang 4, S. 9, Z. 49). Auf diese Weise kann mehr Individualität entstehen und Kunden merken während ihres Verlaufs einer Kundenreise an einer Interaktion: „*Okay, der weiß, dass ich schon einmal hier war.*" (Anhang 6, S. 33, Z. 148). Die bisher genannten Werkzeuge sind gemäß der Experten stets iterativ zu sehen und unternehmensintern als selbstverständliche Methode zu betrachten. Da sich Kundenbedürfnisse dynamisch ändern, sollen die kundenseitigen Prozesse und Kanäle auch einer ständigen qualitativen Aufsicht unterliegen und flexibel auf die Veränderungen reagieren (vgl. u. a. Anhang 7, S. 47, Z. 390 f.; Anhang 8, S. 55, Z. 253–258; Anhang 9, S. 64, Z. 257 f.). Im Interview mit E7 wird der Krankenkassensektor zusammenfassend noch als eine Branche mit Potential bezeichnet, da sie als Behörde gesehen wird. So erklärt E7: „*Und da finde ich, haben wir als Krankenkassen auf jeden Fall den Vorteil, im Gegensatz zu Apple und Google, dass, wenn wir ein tolles Kundenerlebnis schaffen, dass wir die Möglichkeit haben, da wirklich positiv zu überraschen.*" (Anhang 10, S. 78, Z. 463 f.). Diese illustrierte Perspektive fasst den großen Einfluss der Krankenversicherung auf ein ganzheitliches und positives Kundenerlebnisses zusammen. Auch die externen Experten empfehlen eine kundenzentrierte Ausrichtung (vgl. Anhang 9, S. 67, Z. 381 f.).

3.5.2 Zusammenfassung der Ergebnisse

Die Experteninterviews liefern wertvolle Einblicke in den Status Quo im Krankenversicherungsbereich, insbesondere im Hinblick auf die ganzheitliche Arbeit mit Kundenfeedback, dem Instrument des Touchpointmanagements, der interdisziplinären Zusammenarbeit sowie der Ausübung von Kundenorientierung und Kundenzentrierung. Im Folgenden sind die Kernaussagen und wiederholten Ansätze zusammengefasst. Ein vollständiger Vergleich und die anschließenden Ableitungen werden im Anschluss genannt.

Die Experten betonen die Bedeutung einer ganzheitlichen Betrachtung aller Kundenkontaktpunkte. Als mögliche Werkzeuge nennen sie Touchpoint-Analysen und Customer Journey Formate, die sich in den Lösungsansätzen widerspiegeln. Eine detaillierte Matrix zur Klassifikation dieser Kontaktpunkte hilft und berücksichtigt sowohl die Quantität als auch die Qualität der Interaktionen. Diese Matrix unterscheidet zwischen der Häufigkeit der Kontaktpunkte und ihrer emotionalen Relevanz für die Kunden. Eine systematische Erfassung und Analyse stellt sicher, dass alle Berührungspunkte zwischen Kunde und Unternehmen erfasst und optimiert werden. Dies schlägt sich in den Aussagen zu Herausforderungen und Entwicklungspotential nieder, welches die am stärksten vertretene Kategorie darstellt. Es ist folglich noch keine allgemein angewandte Praxis. Die Zusammenarbeit zwischen verschiedenen Abteilungen und Experten ist essenziell für eine erfolgreiche Kundenorientierung. Alle Experten berichten von verschiedenen Formen der interdisziplinären Zusammenarbeit. Es findet nicht nur die gemeinsame Arbeit an Kundenreisen mit Projektcharakter statt. Zusätzlich ergeben sich Vernetzungsdialoge und Austausche auf Abteilungsebene. Die interdisziplinäre Arbeit ist eine neue Form der Zusammenarbeit bei Krankenversicherungen, die als Querschnittsfunktion innerhalb des Unternehmens fungiert. Diese Art der Zusammenarbeit ist eine Notwendigkeit, um ein nahtloses Kundenerlebnis zu gewährleisten und die dynamischen Veränderungen der Kundenbedürfnisse und -erwartungen zu berücksichtigen. Dennoch ist es nicht selbstverständlich in der alltäglichen Arbeit und zählt ebenso zu einem Bestandteil der Herausforderungen und Entwicklungspotentiale.

Das Verständnis der Kundenbedürfnisse ist zentral für die Produkt- und Serviceentwicklung. Die Experten heben hervor, dass Kunden nicht mehr nur als Datensätze betrachtet werden, sondern als Individuen mit eigenen Bedürfnissen. Dieses veränderte Kundenverständnis erfordert eine kontinuierliche Anpassung und Entwicklung von Angeboten, die genau auf die Erwartungen und Wünsche der Kunden abgestimmt sind. Die Experten sehen es als große Veränderung im Krankenkassenwesen und betonen die Relevanz, bedarfsgerechte Lösungen und Interaktionen zu bieten, die direkt auf die Anliegen der Kunden eingehen. Sie arbeiten in den Kundenreisen eng orientiert an den Kundenbedürfnissen und setzten sich mit Erwartungen auseinander. Ein wiederkehrendes Thema in den Interviews ist deshalb das Sammeln und Auswerten von Kundenfeedback. Dabei wird die Wichtigkeit von Kundenfeedback für die kontinuierliche Verbesserung von Produkten und Dienstleistungen betont. Das Feedback kann qualitativ durch Kommentare oder Freitextfelder oder quantitativ mittels Klickzahlen oder Anrufvolumen erhoben werden. Es wird aber noch nicht in allen Abteilungen verarbeitet. Die Experten versuchen durch ihre Arbeit, dass das Feedback nicht nur gesammelt, sondern auch effektiv genutzt wird, um die Kundenreise kontinuierlich zu verbessern.

Die Verwaltung und Optimierung der verschiedenen Kundenkontaktpunkte, auch als Touchpoints bezeichnet, ist ein kritischer Erfolgsfaktor. Es existieren erste Ansätze, die jedoch eher die externen Experten ausführen und erläutern. Sie berichten von der Einführung von Touchpoint-Analysen, um die Qualität und Häufigkeit dieser Interaktionen zu messen und zu verbessern. Die Betrachtung der Touchpoints ist dabei nicht isoliert, sondern im Zusammenhang mit der gesamten Kundenreise zu sehen, um ein konsistentes und positives Kundenerlebnis zu gewährleisten. Eine starke Kundenorientierung und -zentrierung fungiert als Schlüsselstrategie für den Erfolg im Krankenversicherungsbereich. Die Experten heben hervor, dass die Bedürfnisse und Erwartungen der Kunden stets im Mittelpunkt aller Geschäftsprozesse stehen sollten. Schnelle und eigenständige Erledigungen sind ein Bedürfnis der Kunden, das mit vielfältigen digitalen Möglichkeiten wie Chatbots, Erinnerungsservice und Self-Service-Dienste erfüllt wird. Gleichzeitig wird die Bedeutung des persönlichen Kontakts nicht vernachlässigt, insbesondere bei sensiblen Themen wie der Pflege. Die Orchestrierung von analogen und digitalen Bedürfnissen und Kontaktpunkten ist dabei noch nicht vollständig erfolgt. Die Experten betonen die Wichtigkeit einer kontinuierlichen Verbesserung und Anpassung der angebotenen Service und Produkte. Dies erfordert eine regelmäßige Überprüfung und Anpassung der Strategien und Prozesse, basierend auf dem Feedback und den sich ändernden Bedürfnissen der Kunden. Der Prozess der Kundenreise ist niemals abgeschlossen und benötigt eine ständige Weiterentwicklung und Anpassung.

Die genannten Ausführungen und Beschreibungen zeigen, dass erste Ansätze der touchpointgesteuerten Interaktion innerhalb der Krankenversicherungen existieren, diese jedoch vorerst rudimentär und nicht unternehmensweit ausgeführt werden. Dies unterstützt die Kategorie der „Herausforderungen und Entwicklungspotential" sowie die dazugehörige Unterkategorie der „Lösungsansätze".

Beide Kategorien sind am häufigsten erfasst worden und verdeutlichen den weiteren Handlungsbedarf. Damit aus den vorliegenden Ergebnissen Ableitungen und Empfehlungen für die Praxis entstehen, befasst sich der folgende Teil der Management Summary mit einer strukturellen Konsolidierung der Theorie und den erhobenen Ergebnissen der qualitativen Forschung.

4 Management Summary

Die vorliegende Masterarbeit untersucht die Bedeutung der touchpointgesteuerten Interaktion in der Krankenversicherungsbranche im Kontext der sich verändernden Kundenerwartungen. Im Allgemeinen steht die Versicherungsbranche vor der Herausforderung, den wachsenden Ansprüchen der Kunden gerecht zu werden, die zunehmend von innovativen Dienstleistungen branchenfremder Unternehmen wie Google, Amazon oder Apple geprägt sind. Diese Unternehmen setzen neue Maßstäbe für die Kundeninteraktion und den Service, die auch von traditionelleren Versicherern erwartet werden. Die herausgearbeiteten Erkenntnisse und Handlungsimplikationen sind nicht nur für die allgemeine Krankenversicherungsbranche von Bedeutung. Sie lassen sich auf andere Branchen übertragen, die stark kundenorientiert arbeiten und bei denen die Kundenerfahrung mit dem Service und der Interaktion einen entscheidenden Wettbewerbsfaktor darstellt. Dies trifft auf Finanzdienstleister wie Banken ebenso zu wie auf Dienstleister, die anderweitige Versicherungen anbieten. Alle Unternehmen vereint das Angebot von nicht haptischen Gütern, welche durch Interaktion und Service für Kunden greifbar und demnach durch Touchpoints bestimmt sind. Kunden erwarten nicht nur eine hochwertige Versicherungsleistung, sondern auch exzellenten Service und eine nahtlose digitale Erfahrung. Die Verknüpfung von analogen und digitalen Kontaktkanälen ist folglich eine dynamische Weiterentwicklung, welche durch kundenorientierte Herangehensweise Kundenerwartungen erfüllt.

Übergeordnetes Ziel dieser Arbeit ist es, den aktuellen Stand in der Praxis mit dem der Theorie zu vergleichen. Es werden anschließend Strategien genannt, die diese Interaktion fördern, und zu einem optimierten Kundenerlebnis beitragen. Zur Einführung ist dafür ein Theorierahmen entwickelt worden, der den theoretischen Ist-Stand und die Handlungsspielräume aufzeigt. Die in Abschnitt 3.2 aufgezeigte Forschungslücke verdeutlicht, dass bislang keine Forschungen zu versicherungsspezifischem Einsatz und Auswirkungen durch den

L. S. Stolz, *Kundenzentrierte Touchpoints in der Versicherungsbranche*, BestMasters, https://doi.org/10.1007/978-3-658-49982-2_4

kontinuierlichen Einsatz von Customer Experience Management oder ganzheitlichem Touchpointmanagement existieren. Es konnte herausgearbeitet werden, dass sich andere Branchen wie die Automobilindustrie oder die Pharmaindustrie diesen Themen widmen und die positiven Auswirkungen auf das Erlebnis in Form der Kundenbegeisterung und Kundenbindung betonen. Daraus ergibt sich die Forschungsfrage zur Rolle der touchpointgesteuerten Interaktion bei sich verändernden Kundenerwartungen und inwiefern diese kundenzentriert zur positiven Beeinflussung der Gesamterfahrung optimiert werden kann.

Zur Beantwortung der Forschungsfrage wurden acht qualitative Experteninterviews mit Personen geführt, die entweder direkt bei einer Krankenversicherung in der Serviceentwicklung tätig sind oder als Externe Krankenkassen in dieser Hinsicht beraten. Die Daten sind mittels der qualitativen Inhaltsanalyse nach Mayring ausgewertet, um tiefergehende Einblicke zu erhalten. Im Besonderen die Interpretation von Herausforderungen in der Praxis sowie das Potential der touchpointgesteuerten Interaktion stehen somit im Vordergrund. In diesem Abschnitt werden die Erkenntnisse der Literaturrecherche mit den Ergebnissen aus den qualitativen Experteninterviews zusammengeführt und daraus die Überschneidungen und Gegensätze herausgearbeitet, um die Forschungsfrage vollumfänglich zu beantworten. Aus der Analyse der aktuellen Theorie identifizieren sich mehrere Konstrukte, die der entstandene Theorierahmen zusammenfasst. Die grafische Darstellung der Abbildung 2.1 beschreibt die theoretischen Zusammenhänge. Sie sind im Folgenden einzeln diskutiert und mit den Befragungsergebnissen konsolidiert betrachtet. Auf diese Weise ist der Zusammenschluss der Theorie und der Praxis die Basis zur Ableitung von Handlungsimplikationen.

Die Kundenzufriedenheitsentstehung basiert auf dem Kennen der Kundenbedürfnisse und Kundenerwartungen. Der in Abschnitt 2.1 erläuterte Kausalzusammenhang besagt, dass Kundenzufriedenheit entsteht, sofern die Kundenerwartungen erfüllt sind. Das Bewusstsein über die Bedeutsamkeit von Kundenbedürfnissen im Zusammenhang mit der Kundenzufriedenheit ist omnipräsent bei allen Experten. Analog der Literaturquellen stehen die sich dynamisch entwickelnden Bedürfnisse im Vordergrund und werden als erfolgsrelevant betrachtet. Dabei teilen die befragten Experten die Erkenntnis, dass nicht nur aus einer Datenquelle Bedürfnisse abzuleiten sind. Sie erfragen die Kundenbedürfnisse einerseits durch direkte Kundeninteraktion wie der qualitativen und quantitativen Marktforschung. Andererseits nutzen sie die indirekten quantitativen Datenquellen wie Anrufvolumen oder Websiteaufrufe und Klickpfade im digitalen Umfeld. Dies unterstützt auch die Literatur durch den mehrdimensionalen Ansatz von Kundenerwartungen, wie in Abschnitt 2.2 beschrieben. Diese sind durch eine Vielzahl von Faktoren beeinflussbar und ändern sich dynamisch. Alle Befragten sind sich dem Einfluss von anderen Branchen und Interaktionsmöglichkeiten bewusst und entwickeln den digitalen Servicekanal weiter. Aus diesem Bewusstsein heraus werden Service und Produkte entlang der digitalen Kanäle in Form von Apps, Websites und Online-Formularen entwickelt. Die Nutzung von Kundenresonanzen und Datenauswertungen ist eine gängige Form der Weiterentwicklung für den Online-Kanal und stellt Kundenbedürfnisse in den Mittelpunkt. Die Kundenorientierung beziehungsweise Kundenzentrierung ist ein Schwerpunkt in der Neuentwicklung von Online-Service von Krankenversicherungen. Im Gegensatz zur erarbeiteten Theorie besteht hier eine Diskrepanz in der konsequenten Umsetzung in der Praxis. Die Ergebnisse der Experteninterviews zeigen deutlich, dass die konsequente Kundenorientierung und -zentrierung in übergreifender Form in analogen und digitalen Kanälen noch nicht erfolgt. Der nicht konsequente Fokus und einheitliche Umgang mit dem Kunden und seinen Belangen steht entgegen der Kundenzentrierung. Der Kunde muss bei jeglicher Produkt- und Serviceentwicklung im Mittelpunkt der Prozesse stehen. Darüber hinaus ist die Arbeit der Experten in Form der Customer Journey, zu deutsch Kundenreise, eine Form des kundenzentrierten Arbeitens. Es wird die Bedürfniswelt erforscht, bevor es an eine Lösungsfindung geht. Es ist jedoch eine neue Form der Projektarbeit und kein einheitlicher Standard. Demnach ist die Basis des Theorierahmens mit dem Kennen der kundenseitigen Erwartungen und Bedürfnisse keine konsequente Ausrichtung und es besteht ein Entwicklungsbedarf zur holistischen unternehmensweiten Einbindung dieser. Auffällig ist dabei, dass es nur bei der Produktentwicklung, dem Online-Service und ganzheitlichen Customer Journeys üblich ist, Kunden nach Feedback zu fragen oder die Auswertung der Websitedaten vorzunehmen und anschließend einzubinden. Die Erkenntnis über die Notwendigkeit für den Erfolg im Krankenversicherungsbereich, gerade im Hinblick auf die sich ändernden Bedürfnisse, ist vorhanden. Im tatsächlichen Servicegeschäft und analogen Kanälen ist dies noch nicht durchgehend praktiziert.

Das Ziel aller Befragten, intern wie extern, ist eine hohe Kundenzufriedenheit und schlussendlich die Erlangung einer starken Kundenbindung. Analog der in Abschnitt 2.1 beschriebenen Ursächlichkeit zwischen Kundenzufriedenheit und Kundenbindung ist dieses Ziel auch theoretisch fundiert. Neben der Bedürfniswelt von Kunden ist die Umsetzung oder Übersetzung dieser Bedürfnisse in den betrieblichen Ablauf wesentlich. Nur auf diese Weise können erwartungskonforme Prozesse und demzufolge Kundenzufriedenheit entstehen. Dies erfordert in der Praxis anlehnend an den Theorierahmens und das Abschnitt 2.3 eine interdisziplinäre Zusammenarbeit der verschiedenen Akteure im Unternehmen und Vereinheitlichung in der Unternehmenskultur. Das Zusammenwirken zwischen Kultur und Strategie, den Mitarbeitenden der täglichen Praxis und somit der operativen Unternehmensorganisation beschreibt die Literatur als notwendig. Dennoch ist die Umsetzung dieser Prinzipien in die alltägliche Arbeit von Herausforderungen geprägt. Aus den Experteninterviews ist ersichtlich, dass die Verankerungen in der Unternehmensstrategie zwar gegeben sind, der Fokus und das Durchsetzen von Kundenbelangen und ganzheitlichen Prozessveränderungen jedoch nicht selbstverständlich ist. Die Experten der Krankenversicherung berichten von einer Lücke zwischen kundenorientiertem Zielbild und tatsächlicher Umsetzung. Dabei sind besondere Herausforderungen die Veränderungsbereitschaft und Kooperation von verschiedenen beteiligten Fachbereichen und die verbesserungswürdige interdisziplinäre Zusammenarbeit untereinander. In Kundenreisen und von den Experten initiierten Projekten erfolgt eine bereichsübergreifende Kommunikation. Dem entgegen steht das alltägliche Geschäft, da weiterhin einzelne Bereiche getrennt sind und nur mit Absprachen auf Managementebene oder geplanten Vernetzungsdialogen ein Zusammenkommen stattfindet. Es sind bereits positive Weiterentwicklungen erkennbar. Dennoch ist ein zusätzliches Entwicklungspotential in Form von weiteren Vernetzungen möglich. Hierbei nennen die Befragten häufig auch die Verantwortung als Hinderungsgrund. Durch die fehlende Kontinuität und die Querschnittsfunktion der mitarbeitenden Experten fehlt es an Möglichkeiten, den Argumentationen und der Ressourcenknappheit der anderen Bereiche zu begegnen und geplante Vorhaben wie Kundenreisen widerstandfrei durchzusetzen. Jeder Fachbereich verfolgt eigene Zielstellungen und die allgemeine Kundenzufriedenheit ist vielmehr ein Zusatz. Sie kann nicht richtig zugeordnet werden und es fehlt an unternehmenseinheitlichen messbaren Kennzahlen auf die jeweiligen umzusetzenden Maßnahmen. Es sind folglich korrelierende Unternehmensziele wie Kosten- oder Steuerungsaspekte, die der nicht deutlich zuzuordnenden Kennzahl der allgemeinen Kundenzufriedenheit entgegenstehen. Erneut sind die strategische Verankerung und Unternehmenskultur Herausforderungen, welche im Gegensatz zur Praxis in der Theorie und Literatur miteinander abgestimmt und gefördert werden.

Das Zusammenwirken von Unternehmensstrategie und -kultur, Marketing, Prozessen und IT verfolgt das gleiche Ziel der langfristigen profitablen Kundenbindung. Dies ist nicht gänzlich in der operativen Arbeit praktiziert. Lediglich die Bereiche der befragten Experten arbeiten übergreifend und haben die Absicht, durch vernetzte Prozesse und Service Kundenzufriedenheit und daraus resultierend die Kundenbindung herzustellen. Das in Abschnitt 2.3 beschriebene Customer Relationship Management als solches ist folglich noch kein durchgehender, sondern ein anteiliger Fokus. Es erfolgt noch keine ganzheitliche

Ausrichtung der Unternehmensaktivitäten, um die Akquise und das langfristige Bestehen von profitablen Kundenbeziehungen zwischen Endkunden und Unternehmen zu festigen und zu garantieren. Obwohl es in den Unternehmenszielen verankert ist, findet in dieser Hinsicht kein unternehmensweiter Ansatz in der Praxis statt und die konsequente Umsetzung fehlt.

Die Sicht auf die beschriebene langfristige Kundenbeziehung und Konzentration auf das Kundenerlebnis mit dem Zweck der langfristigen Kundenbindung beschreibt die Weiterentwicklung des Customer Relationship Managements zum Customer Experience Management. Das Erleben, zu englisch „to experience“, ist relevant im Versicherungsbereich, da der Service und die Interaktion zwischen Kunden und Unternehmen das primäre Geschäft als Versicherer darstellt. Folglich sind für das Kundenerlebnis alle Kontaktpunkte und Interaktionen gemeint, die dieses primäre Geschäft betreffen. Die Kontaktaufnahme von Kunden erfolgt, wie in Abschnitt 2.4.3 beschrieben, durch emotionale und sensible Anliegen. Versicherungen jeglicher Art handeln aufgrund von kundenseitigen problembehafteten Belangen. Es ist die Dienstleistung als Service und die damit verbundene Sicherheit, die Kunden in diesen Situationen brauchen. Dies bestätigen die Experten mit dem Bewusstsein, dass die Anliegen unterschiedlich und individuell verantwortlich für die Wahl des Kontaktkanals sind. Auf dieser Ebene wählt der Kunde seinen bevorzugten Kanal und Zeitpunkt der Kontaktaufnahme. Diese Erkenntnis deckt sich mit der bestehenden Theorie und Literatur in Abschnitt 2.2. Es erfordert eine nahtlose und gemeinschaftliche Zusammenarbeit aller Kanäle und zuständigen Mitarbeitenden für ein reibungsloses Kundenerlebnis. Wie im Abschnitt 2.4.1 erfasst die Literatur die ganzheitliche Ausrichtung aller Kontaktpunkte über jegliche Kanäle als Kundenerlebnis. Alle Interaktionen entscheiden über die Einstellung zum Unternehmen. Um eine Transparenz herzustellen und das Kundenerlebnis sichtbar zu machen, benötigen alle Bereiche eine lückenlose Sicht auf die Kundenhistorie. Die theoretischen Annahmen werden von allen Befragten ausnahmslos bestätigt und aufgeführt. Eine tatsächliche Aufnahme aller Interaktionen und dahingehende Ausrichtung, um den Kunden in den Fokus zu stellen, existiert nicht. Vielmehr erläutern sie Beispiele, wo es noch nicht ganzheitlich abläuft, Daten nicht allen zugänglich sind, Prozesse nicht ineinanderlaufen und sie dabei auch auf Unverständnis oder Beschwerden der Kunden stoßen. Über eine tatsächliche Inventur von verschiedenen Kontaktpunkten berichtet nur eine interviewte Person der Krankenversicherer. Die externen Unternehmensberatenden nennen alle den dahingehenden Handlungsbedarf und stützen somit die theoretischen Erkenntnisse.

Eine ausführliche Bestandsaufnahme ist, nicht zuletzt wegen der intransparenten Datengrundlage der verschiedenen Bereiche, mit größeren Anstrengungen verbunden. Es fehlt an einem einheitlichen System zur Erhebung des Status Quo und unternehmensweiter Transparenz der Daten. Bei Kundenreisen findet hingegen in einer Analysephase eine ganzheitliche Konsolidierung der Daten und Kontaktpunkte aller beteiligten Fachbereiche statt. Es bedarf anschließend jedoch der Pflege und Verantwortung der mitarbeitenden Kollegen, um den iterativen Ansatz beizubehalten und auf verändernde Kundenbedürfnisse und Feedback zu reagieren. Das in Abschnitt 2.4.1 beschriebene Vorgehen, besonders emotional geprägte oder häufig auftretende Touchpoints zu sammeln und in den Vordergrund zu stellen, zeigt Schmerzpunkte und „Moments that matter" auf, welche optimiert werden können. Dies bestätigen die Befragten ebenfalls. In der Praxis findet dies in der Analyse und Priorisierung bei Kundenreisen statt, anderweitige Ansätze sind nicht benannt. Insgesamt ist der dynamische und agile Prozess von der Aufnahme aller Kontaktpunkte, der Anpassung nach Kundenfeedback und der stetigen Qualitätskontrolle demzufolge im Rahmen der Kundenreisen zu finden. Ohne das Zutun von den befragten Experten aus der Krankenversicherung findet es zweifelsohne keine Anwendung und späteres Nachhalten. Die Kontaktpunkte, welche die Experten einbinden, sind alle aus dem Servicebereich und umfassen keine Marketingkampagnen oder andere Unternehmenspräsenz. Die in Abschnitt 2.2 beschriebene Orchestrierung aller Kanäle und Kontaktpunkte erfolgt nicht. Vielmehr werden die ergänzenden Kanäle und daraus entstehenden Bedürfnisse zwar zusätzlich aufgenommen, aber nicht mit den analogen Interaktionen vernetzt. Über die weiterführende Einbindung von Kampagnen oder Marketingprozessen berichten die externen Experten und führen Ansätze zur Individualisierung wie Marketing-Automation an. Die Integration dieser Marketingkampagnen und weiterer Kommunikation in die Gesamtheit aller Kontaktpunkte wird gegenwärtig noch nicht praktiziert. Damit ist das große Entwicklungspotential in Richtung des theoretischen Ideals in allen befragten Krankenversicherungen erkenntlich, um ein kohärentes Bild für Kunden zu repräsentieren.

Da das Abschnitt 2.4.2 das Touchpointmanagement als ein Instrument des Customer Experience Management beschreibt, sind die Ansätze und Erkenntnisse dazu in den Krankenversicherungen vorhanden, es fehlt jedoch an kontinuierlicher und unternehmensweiter Umsetzung. Es findet noch kein durchgängiges Verwalten der unterschiedlichen Kontaktpunkte und Kanäle statt. Es gibt sogenannte Kanalverantwortliche und keine übergreifenden Gremien, welche Kontaktkanalstrecken mit analogen und digitalen Verläufen berücksichtigen. Die digitalen Fachbereiche arbeiten an digitalen Lösungen und analoge Bereiche an der analogen Interaktion. Somit ist die Verwaltung und Überschneidung der verschiedenen Medien und somit die Zunahme der Komplexität in der Kommunikation noch nicht berücksichtigt. Aus Sicht der Unternehmensberater ist dies aber zwingend notwendig und bestätigt auch die theoretischen Hintergründe. Wie in Abschnitt 2.4.2 beschreibt die Theorie des Touchpointmanagements, dass die verschiedenen Phasen einer Kundenreise durch verschiedenste Kanäle erfolgen können. Es ist oberste Priorität, dass Kunden gleiche Erlebnisse und Ergebnisse nach ihrem gewählten Touchpoint erhalten. Ausgehend von den Kundenerwartungen sind reibungslose und konsistente Erlebnisse über alle Berührungspunkte hinweg ein Basisfaktor. Die primäre Aufgabe ist eine transparente Übersicht und die Identifizierung von wichtigen Kontaktpunkten, um anschließend kundenerwartungskonforme Kontaktstrecken zu offerieren. Entgegen der Theorie sammeln noch ordnen die befragten Unternehmen Kontaktpunkte oder Anlässe. Es findet auch keine Unterscheidung in Basis-, Leistungs- oder Begeisterungsfaktoren statt. Sie priorisieren in Kundenreisen Kontaktpunkte nach der Emotionalität und der Häufigkeit, wie es die Hinführung zur Theorie in Abschnitt 2.4.2 beschreibt. Diese interdisziplinäre Arbeit beschreiben die Experten als erfolgreich. Es ist der Wunsch, ganzheitlich Kontaktpunktstrecken, Kundenfeedback und Kundenbedürfnisse analog der praktizierten Kundenreisen zu betrachten. Diese transparente Übersicht und Sammlung aller Interaktionspunkte, die nicht nur den Service betreffen, sondern auch Marketingkampagnen miteinschließen, existiert nicht. Sowohl die Theorie als auch die externen Experten empfehlen eine ganzheitliche Analyse. Dabei steht die Konsolidierung von Bedürfnissen, Datenpunkten wie Kennzahlen und der dazugehörigen Kontaktpunkte im Vordergrund. Es schafft einheitliche Erlebnisse, die die Belange der Kunden berücksichtigen und wichtige emotionale Touchpoints identifizieren, die zur erheblichen Enttäuschung oder Begeisterung beitragen und demnach über Kundenzufriedenheit entscheiden.

Bei allen befragten Experten ist zusammenfassend die theoretische Kenntnis über die Relevanz der Kundenbedürfnisse und Erwartungen vorhanden. Außerdem sind auch die dynamischen Veränderungen und der Einfluss von anderen Branchen und Serviceerlebnissen bekannt. Die befragten Krankenversicherungen wissen um diese Bedeutung und die entscheidenden Faktoren, um Kundenzufriedenheit durch ihre Serviceinteraktionen zu erlangen. Dennoch ist die unternehmensweite Ausrichtung und der Ablauf, um kundenzentriert zu wirken, noch nicht gegeben. Trotz Verankerung in unternehmerischen Zielen und der Unternehmensstrategie ist es ein vages operatives Ziel, welches nicht ganzheitlich angegangen wird, sondern in Projektarbeit wie vereinzelten Kundenreisen erfolgt. Bei diesen Projekten wird kundenorientiert gearbeitet und auch durch Hinzunahme von Datengrundlagen und qualitativen Forschungen Kundenzentrierung erprobt. Diese neue Arbeitsform betrachtet ganzheitliche Interaktionsabfolgen von Kunden und orchestriert so Kontaktpunkte zum bestmöglichen und bedarfsgerechten Kundenerlebnis. Ein durchgehendes Nachhalten und Dokumentieren dieser Abfolgen und unternehmensweite Transparenz über diese verschiedenen Kontaktpunkte existiert bisher nur bruchstückhaft. Dennoch sind die positiven Berichte der befragten Experten im Zusammenhang der Kundenreisen ein erster Schritt in Richtung Touchpointmanagement. Die Zufriedenheitssteigerungen oder der Rückgang des Anrufvolumens deuten auf den Erfolg der Kundenreisen hin und zeigen, wie eine Steuerung der Touchpoints und das qualitative Nachhalten sich positiv auf die Gesamterfahrung der Kunden auswirkt. Ein iteratives Vorgehen in interdisziplinärer Zusammenarbeit aller beteiligter Bereiche stellt durch ständiges Einbinden der Kundenfeedbacks einen bedarfsgerechten und kundenzentrierten Prozess sicher. Diese ganzheitliche Sichtweise unterstützt dabei, Kunden ein zufriedenstellendes und nahtloses Ergebnis zu bieten. Außerdem stellt dies die Identifikation von Schmerzpunkten oder emotional relevanten Kontaktpunkten sicher, welche durch richtiges Management und Ausführung die Erwartungen sogar übertreffen können und Kunden begeistert. Der vom Service dominierte Bereich der Versicherung ist auf diese emotionale Begeisterung und störungsfreie Abläufe beim Kunden angewiesen. Demnach spielt die touchpointgesteuerte Interaktion nicht nur eine fundamentale Rolle, sondern entscheidet über die Kundenzufriedenheit bis hin zur Kundenbegeisterung und fördert so den Verbleib beim Unternehmen.

Um die in Abschnitt 3.5.3 beschriebenen Entwicklungen zu ermöglichen und das vollkommene Potential von Touchpointmanagement auszuschöpfen, bedarf es entscheidenden Veränderungen, welche durch eine konsequente Implementierung innerhalb der Unternehmen den Erfolg sicherstellen. Zum einen ist ein einheitliches System und somit die systematische Erfassung und Analyse aller Kontaktpunkte erforderlich. Auf diese Weise entstehen ganzheitliche Touchpoint-Analysen, die sich dynamisch ergänzen und veränderbar sind. Durch Hinzunahme von Feedback und qualitativen sowie quantitativen Daten kann die entstandene Übersicht durch die Kundenbedürfnisse ergänzt werden. Dies erfordert eine kontinuierliche Sammlung und Nutzung von Kundenfeedback jeglicher Art. Feedback in einer gebündelten Form ermöglicht es, alle verschiedenen Kanäle und Arten von Kundenresonanzen, also qualitativ unsortiert in Form von Kommentaren oder quantitativ in Form von Klickpfaden im digitalen Raum, zu überblicken und auszuwerten. Dadurch fließen transaktionale Feedbacks einzelner Kontaktpunkte in die Gesamtzufriedenheit als Journey zusammen und lassen auch die Performance der unterschiedlichen Kanäle transparent erscheinen. Hierdurch erlangen die Unternehmen präzise Erkenntnisse über die sich ändernden Kundenbedürfnisse bei Kundeninteraktionen und leiten gezielt Verbesserungsmaßnahmen ab.

Kontaktpunkte lassen sich so auf dieser Grundlage ganzheitlich und datenbasiert verändert. Durch die regelmäßige Einbeziehung von Kundenfeedback stellt das Unternehmen sicher, dass die Service und Produkte stets den aktuellen Erwartungen entsprechen und sich kontinuierlich verbessern. Neben der Entwicklung einer systematischen Touchpoint-Erfassung und unter Hinzunahme des Feedback-Managements unterstützt dieses Vorgehen dabei, der Dynamik der Kundenerwartungen zu begegnen. Dennoch sind die bereits praktizierten Kundenreisen und Service- und Produktoptimierungen weiterhin ein wichtiges Tool, um bereichsübergreifend an Anliegen aus Kundensicht zu arbeiten. Diese ergänzen zunehmend die Touchpoint-Analyse. Darüber hinaus ist dieses Vorgehen mit einer weiteren Förderung der interdisziplinären Zusammenarbeit zu betrachten.

Neben den größeren Projekten, wie einer Kundenreise, die bereits interdisziplinäre Zusammenarbeit voraussetzt, ist die gemeinsame Arbeit am kohärenten Kundenerlebnis entscheidend. Die Transparenz der Kontaktpunkte birgt die Möglichkeit, dass verschiedene Fachbereiche Feedbacks von Kunden zum Kontaktpunkt erhalten und stoßen im Miteinander und dem Zusammenspiel anderer relevanter Akteure Verbesserungen an. Dazu zählen Fachbereiche wie Serviceentwicklung, Marketing und Kundenmanagement. Die Querschnittsfunktion der zuständigen Mitarbeiter aus der Serviceentwicklung, Chief Customer Officer, Customer Journey Advisor, Kampagnenplanung oder dem Marketing begleiten methodisch und koordinieren den ständigen Austausch zur Aktualisierung der Touchpoints. Kontinuierliche Optimierungen und gegenseitige Updates implementieren ein Zusammenwachsen der unterschiedlichen Stakeholder und Kanäle und fördern die gemeinsame Arbeit am Kundenerlebnis. Durch dieses Vorgehen wird gleichzeitig die Selbstverständlichkeit und der unternehmensweite Usus optimiert. Die Verbreitung und stetige Weiterentwicklung dieser Touchpoint-Übersicht ist jenes Tool, welches genutzt wird, um kundenseitige Interaktionen zu planen oder zu verändern. Der weitere Vorteil durch ein einheitliches System ist die neue Nutzbarkeit von digitaler Technologie. Auf diese Weise wird die Effizienz der Kundenkommunikation erhöht und lässt auch ein hohes Maß an Individualität und Personalisierung zu. Außerdem identifizieren Unternehmen relevante Standardprozesse, die durch kundezentrierte Optimierungen zur allgemeinen Zufriedenheit beitragen. Neue Kundenerwartungen sind zusätzlich direkt ersichtlich und Kontaktpunkte, welche nicht mehr genutzt werden oder Fehler enthalten und folglich zur Unzufriedenheit führen, sind schneller identifiziert.

Eine umfassendere Datenanalyse der Kundenanliegen und die Ergänzung mit Kundenfeedback sind unverzichtbar. Die gegenseitige Transparenz für Kanalverantwortliche ist die grundlegendste Implikation für die Praxis. Ziel ist, dass

Kunden unabhängig ihrer Wahl des Kanals ein gleiches Erlebnis und Ergebnis erhalten, das die Gesamterfahrung positiv beeinflusst. All diese Lösungen helfen, das Thema nicht nur theoretisch, sondern auch praktisch im Unternehmen zu verankern. Metriken wie Kundenzufriedenheitsmessungen werden transaktionsorientiert erfasst und den spezifischen Kontaktpunkten zugeordnet. Weitere Studien oder globale Zufriedenheitsbefragungen ergänzen und gestalten die Tätigkeiten nachvollziehbar. Somit unterstützt unternehmensweites Touchpointmanagement dabei, ein umfassendes Bild der Kundenzufriedenheit mit dem Service zu erhalten und die Erfolge der Maßnahmen zu messen. Dies erzielt nicht nur auf der Managementebene positive Effekte, sondern bezweckt auch das Erkennen der Erfolge mitarbeiterseitig. Ergebnis daraus ist die simultane Förderung der Akzeptanz und Selbstverständlichkeit von Kundenzentrierung.

Die Basisbestandteile des Theorierahmens (vgl. Abbildung 2.1) zur Erkennung der Kundenbedürfnisse und Kundenerwartungen und dem Kausalzusammenhang zur Kundenzufriedenheit sind damit abgegolten. Die umgesetzte Praxis des Customer Relationship Managements erfolgt durch eine verbesserte interdisziplinäre Zusammenarbeit, einheitliche Datenbasis sowie gelebter Unternehmenskultur. Alle Einheiten verfolgen das Ziel der Steigerung der Kundenzufriedenheit mit dem Ergebnis einer langfristigen Kundenbindung. Jegliche Unternehmensaktivitäten sind darauf ausgerichtet, da sich Ansprachen, Kampagnen und Kontaktpunkte von Briefen oder Infoschreiben in einer einheitlichen Touchpoint-Analyse wiederfinden. Gleichzeitig erfolgt eine Vernetzung mit den digitalen Touchpoints, und Prozesse werden von Anfang bis Ende aus Kundensicht betrachtet. Die Weiterentwicklung auf Grundlage des Customer Experience Managements ist so in Form der ganzheitlichen Betrachtung von Kontaktpunkten gegeben und stellt das Kundenerlebnis vertiefend in den Vordergrund dieser Aktivitäten.

Um eine direkte Umsetzung dieser Implikationen vorzunehmen, ist eine Annäherung an das ganzheitliche Touchpointmanagement in Schritten empfehlenswert. Im Folgenden ist dies an einem exemplarischen Beispiel durchgeführt und die Schritte sind im Nachgang noch einmal zusammengefasst, um es auf weitere Praxisbeispiele übertragen zu können. Insbesondere die Herausforderungen aus den Experteninterviews zeigen deutlich, dass eine unternehmensweite Transparenz und Akzeptanz erforderlich ist, um die kundenzentrierte Sichtweise in der Praxis erfolgreich anzuwenden. Darüber hinaus ist es die einheitliche Datenbasis, welche in einer interdisziplinären Zusammenarbeit die Grundlage bietet, um kundenzentriert Touchpoints zu optimieren und ein geeintes Bild beim Kunden hervorzurufen. Eine schrittweise Implementierung ist geeignet, da so sukzessive der oben beschriebenen Idealzustand erreicht und den in der Praxis genannten Herausforderungen begegnet wird.

Im ersten Schritt eignet sich die Eingrenzung auf ein konkretes Themengebiet, um eine ganzheitliche Sammlung von Touchpoints vorzunehmen und eine einheitliche Datenbasis zu schaffen. Beginnend mit herausgesendeten Kampagnen und Kontaktpunkten zu einem übergreifenden Thema ist ein erster konsolidierter Überblick über die eigene Kommunikation nach außen möglich, bevor Unternehmen die vom Kunden ausgehende Interaktion erforschen. Insbesondere übergreifende Themen wie die Bewerbung von einer App oder einem Online-Service werden von vielen Bereichen kommuniziert und sind somit ein guter Untersuchungsgegenstand, um die verschiedenen Kanäle und Medien der Kommunikation in Form von Kontaktpunkten zu überprüfen. Dafür ist ein interdisziplinärer Workshop mit allen Fachbereichen einzuberufen, welche zum Thema App mit Kunden kommunizieren. Dabei ist es unerheblich, über welchen Kanal dies geschieht, da das Kundenerlebnis die Summe aus allen Touchpoints darstellt und die Koordination aller Kanäle ein Schwerpunkt ist. Durch den Überblick werden kundenseitige Redundanzen von jeglicher Kommunikation sichtbar und jeder Fachbereich bringt seine eigene Verantwortung ein. Dies zielt auf die Verwaltung von allen Kanälen ab und gibt Aufschluss über die Kommunikation zu diesem Themengebiet. Diese Herangehensweise vernetzt alle Mitarbeitenden und diese entwickeln die Grundlage für die weitere Zusammenarbeit und Verantwortungen pro Touchpoint.

Die anschließende Untersuchung aller dazugehörigen Daten ergibt ein vollumfängliches Bild, wie Kunden auf diese Kampagnen reagieren und stellt den zweiten Schritt dar. Daraus ableitend werden die Performances verglichen und beispielsweise ressourcenverbrauchende Kampagnen mit vielen Rückfragen identifiziert. Zu den untersuchenden Daten zählen unter anderem Feedbacks, Beschwerden, Klick- und Abbruchraten, Anrufvolumina sowie schriftliche Responsequoten per Mail oder Brief. Die Kundensicht und die Reaktionen darauf bilden einen wichtigen Ausgangspunkt, um gemeinschaftlich an einer einheitlichen und kundenzentrierten Kommunikation zu arbeiten und erfolglose Kampagnen zu eliminieren. Ziel ist es, von da ausgehend stetig an dieser Übersicht zu arbeiten und weitere Kommunikationen datenbasiert aufeinander abzustimmen. So ist im gemeinsamen wiederkehrenden Dialog das einheitliche Ziel dieser Mitarbeitenden, die Kommunikation zum Themengebiet der unternehmenseigenen App kundenseitig zu optimieren. Aus der gemeinsamen Zusammenarbeit ergeben sich Überschneidungen und alle darauffolgenden Prozesse wie beispielsweise der Kundensupport mit einer sich anschließenden Beratung. Diese erfolgen einheitlich und reibungslos. Häufige Kontaktpunktstrecken oder Customer Journeys werden als Standardprozesse identifiziert und Besonderheiten oder steigende Anforderungen sowie Beschwerdepotential erkannt. Auf diese Weise ist das sich anschließende Kundenerlebnis der Schwerpunkt für die weitere Überarbeitung der Touchpoints. Dies identifiziert Basis- oder Leistungsfaktoren, auf die die beteiligten Bereiche reagieren und eine positive Gesamterfahrung anstreben. Die gesammelten Kontaktpunkte sind dabei stets im Kontext mit anschließenden Interaktionen betrachtet. Es steht das ganzheitliche Erleben der Kunden im Mittelpunkt, und unabhängig von der Wahl des Kontaktkanals erhalten Kunden ein geeintes Unternehmensbild.

Um ein erfolgreiches kundenzentriertes Handeln auch in einem Score darzustellen und klare Metriken der Verbesserung zu untersuchen, bietet es sich an, transaktionsorientiert Feedback zu erheben. Auf der Landingpage zur App, in der App selbst oder bei Kampagnenmailings unterstützt eine Befragung der Zufriedenheit genauso wie eine Zufriedenheitsabfrage nach telefonischen Kontakten in der Beratung. So entsteht ein wichtiges Bild der kundenseitigen Erfolge und gibt gleichzeitig Aufschluss über Verbesserungsbedarf oder veränderte Kundenbedürfnisse. Durch diese fachbereichsübergreifende Transparenz arbeiten alle am ganzheitlichen Kundenerlebnis und der Steigerung der Kundenzufriedenheit. Zusätzlich helfen Ziele wie ein Anstieg der App-Nutzer um einen gewissen Prozentsatz, um den Aspekt der erfolgreich eingeschriebenen Nutzer der App zu bewerten. Durch die Verbindung von Zielen, welche sowohl den unternehmerischen Erfolg als auch die Kundenzentrierung belegen, sind es keine konkurrierenden Ausschlusskriterien mehr. Diese Erfolge ins Unternehmen zu transportieren und auch auf Managementebene zu spiegeln, ist der letzte und dritte Schritt und wirkt sich positiv auf das Verständnis zur Wirksamkeit und folglich auf die Selbstverständlichkeit dieser Vorgehensweise aus.

Durch die Hinzunahme weiterer Themen ergibt sich durch diese drei Schritte ein sich weiter verdichtendes Bild der Kontaktpunkte mit dem Unternehmen. Grundlegend ist es die Notwendigkeit der Verstetigung und ständige Konzentration auf den Kunden, welche akzeptanzfördernd ist und durch die Eingrenzung auf Themen in einem Rahmen stattfindet, welcher Kapazitäten schont und klare Verantwortungen definiert. Das erweiterte Zielbild stellt den oben skizzierten lückenlosen Touchpoint-Überblick dar. Dieser vereint die vom Kunden und Unternehmen ausgelösten Kontaktpunkte und liefert einen transparenten unternehmensweiten Überblick über die Interaktion zwischen Kunde und Unternehmen in beide Richtungen. Die Aneinanderreihung und Verknüpfung der Kontaktpunkte sowie die Abhängigkeiten zueinander entwickeln eine qualitative touchpointgesteuerte Interaktion, welche kundenzentriert die Gesamterfahrung positiv beeinflusst.

Mit Hilfe der folgenden Herangehensweise sind die Herausforderungen der Praxis und die Lösungsansätze der befragten Experten mit den theoretischen

Idealen verknüpft und bieten einen Ausgangspunkt für den Ausbau des optimierten Kundenerlebnisses. Dabei ergänzt sich die einheitliche Datenbasis in Form der Touchpoint-Übersicht jedes Mal nach der Durchführung von Kundenreisen, indem Kontaktpunkte daraus verändert werden oder themengebietsspezifisch die Kommunikation optimiert wird:

- **1. Schritt**: Thementeilgebiet identifizieren und alle betroffenen beteiligten Fachbereiche zu einem ersten Workshop laden, mit dem *Ziel der Sammlung aller Kontaktpunkte, Festlegung der Verantwortlichkeiten und Art der Zusammenarbeit.*
- **2. Schritt**: Ergänzung der Kontaktpunkte um alle vorliegenden Datenpunkte und Metriken, welche die Zufriedenheit mit dem Kontaktpunkt aufzeigen und die daraus hervorgehende Kundereaktionen ableiten. Benennung von Standardprozessen und Einordnung der Basis- und Leistungsfaktoren sowie Verknüpfung der Kontaktpunktstrecken. *Ziel ist es, häufige Standardprozesse, Beschwerdepotential, Überschneidungen und fehlerhafte Prozesse zu identifizieren, um diese im iterativen Austausch zu optimieren und sie den Kundenbedürfnissen anzupassen.*
- **3. Schritt**: Festgelegte Unternehmenskennzahlen wie eine Zufriedenheitsabfrage oder andere kundenseitige Metriken sowie Kennzahlen der aktiven Zusammenarbeit dokumentieren den Erfolg und die stetige Transparenz. Die interdisziplinäre Arbeit wächst zu einem kohärenten Touchpointmanagement, welches sich auf ein reibungsloses Kundenerlebnis konzentriert. *Ziel ist hierbei, ein einheitliches Vorgehen in der Verwaltung von Kundeninteraktion zu erlangen und datenbasiertes sowie kundenzentriertes Handeln zu prägen.*

Die beschriebenen drei Schritte sind analog der Kundenreisen ein wichtiges Instrument, um konsequentes Touchpointmanagement in kundenzentriertes Handeln zu verwandeln und durch gemeinsame Verantwortung gegenüber der Kundenzufriedenheit und dem Kundenerlebnis mit dem Unternehmen wirkungsvoll die Kundenbelange in den Mittelpunkt des Handelns zu stellen. Sofern sich die Unternehmen der holistischen Analyse von Kontaktpunkten annehmen und dies als wiederkehrendes Vorgehen implementieren, sind die dynamisch entwickelnden Kundenerwartungen kein Risiko für die Kundenzufriedenheit. Vielmehr ist die flexiblere Reaktion auf die Dynamik eine Chance, Kunden zu begeistern und in der Versicherungsbranche neue Maßstäbe zu setzen. Gerade im Hinblick auf den sich weiter verschärfenden Verdrängungswettbewerb ist es unumgänglich, sich diesem Thema zu widmen und zentralisiert Informationen und Daten zur Verfügung zu stellen, die das Kundenerlebnis kohärent gestalten und stetig verbessern. Die übergeordnete Rolle des ganzheitlichen Touchpointmanagements ist es, die Kundenerlebnisse positiver zu gestalten und Kundenzufriedenheit bis hin zur Kundenbegeisterung zu erlangen. Dies schafft das Fundament für eine verbesserte Kundenbindung an das Unternehmen. Durch die Umsetzung dieser Maßnahmen können Unternehmen langfristig erfolgreich am Markt agieren und sich kontinuierlich kundenzentriert weiterentwickeln.

5 Kritische Würdigung und Ausblick

Dieser Abschnitt betrachtet die vorliegende Masterthesis gesamtheitlich und reflektiert kritisch die Methoden und Ergebnisse der Arbeit. Die Erarbeitung des theoretischen Rahmens erfolgte durch eine Vielzahl an Literaturquellen und Ansätzen der zu beleuchtenden Begrifflichkeiten. Insgesamt konnte so eine umfangreiche Literaturbasis gefunden werden. Die Dynamik und Vielfalt der Kundenerwartungen und auch die tiefergehende Betrachtung des Kano-Modells konnten aufgrund des Umfangs der Arbeit nicht ausführlicher behandelt werden. Aus diesem Grund fand eine Eingrenzung auf die Servicebestandteile bei Krankenversicherungen statt. Dies trifft auch auf den monetären Aspekt der unternehmerischen Betrachtung des Kundenwertes zu. Diese Ausrichtung wurde kurz erwähnt, jedoch aufgrund der späteren Konzentration auf Serviceaspekte und die Erarbeitung des Status Quo von Customer Relationship Management nur rudimentär umrissen. In weiterführenden Untersuchungen können diese Schwerpunkte einen tiefergehenden Untersuchungsgegenstand repräsentieren. Zur Identifizierung des Status Quo in der Krankenversicherungsbranche wurden acht Experteninterviews geführt. Der Querschnitt der Interviewpartner von internen Mitarbeitenden einer Krankenversicherung und die drei externen Mitarbeitenden, die Krankenversicherungen in Ihrer Entwicklung begleiten, sind eine gute Möglichkeit, um den Entwicklungsstand festzustellen. Dabei ist die Empfehlung, eine Erweiterung der Stichprobe durchzuführen, um die Ergebnisse nochmals zu verifizieren. So kann die Sichtweise von unterschiedlichen Stakeholdern pro Krankenversicherung erfragt werden, um die Ergebnisse detaillierter zu beleuchten. Die verschiedenen Perspektiven, von beispielsweise Management und operativer Ebene, können noch einmal tiefergehend analysiert und auf die vorliegenden Ergebnisse angewandt werden.

Als Ausblick für weitere Analysen ergeben sich fortlaufender Forschungsbedarf und offene Fragen, die in Zukunft eine Rolle spielen. Zunächst ist in

L. S. Stolz, *Kundenzentrierte Touchpoints in der Versicherungsbranche*, BestMasters, https://doi.org/10.1007/978-3-658-49982-2_5

den Interviews bereits das Wort der modernen technologischen Lösung gefallen, und auch der digitale Wandel ist in allen Experteninterviews ein Thema. Die Auswirkungen der fortschreitenden Digitalisierung und neuer Technologien wie der künstlichen Intelligenz werden nur kurz in Verbindung mit Möglichkeiten der Personalisierung erwähnt. Zukünftige Forschungen können sich eingehender mit diesen Entwicklungen und dem Einfluss auf die Kundenzufriedenheit im Service beschäftigen. Ein weiterer Punkt ist die fehlende Möglichkeit, Kundenzufriedenheit und Kundenbegeisterung langfristig zu betrachten. Das beschriebene Vorgehen etabliert sich aktuell noch in den Krankenversicherungen, weswegen die Handlungsimplikationen richtungsweisend für die weitere Entwicklung sind. Es fehlt an der langfristigen Beobachtung dieser Phänomene, da hier lediglich der momentane Zustand beurteilt werden kann. Neue Erkenntnisse ergeben sich folglich aus der Analyse der langfristigen Auswirkungen von ganzheitlichem und kundenzentrierten Touchpointmanagement. Dies ist wertvoll, um einen weiteren Vergleich mit anderen ähnlichen Branchen zu tätigen und einen zusätzlichen Einblick zu erhalten. Folglich beschreibt die Masterthesis erste grundlegende Beiträge zur Erreichung eines Status Quo in der Versicherungsbranche. Es können Handlungsimplikationen aus den bestehenden Herausforderungen abgeleitet und Lösungsansätze entwickelt werden. Um die Ergebnisse zu verifizieren und den Erfolg daraus zu bewerten, ist eine langfristige Betrachtung und Bewertung der Auswirkungen von ganzheitlichem kundenzentrierten Touchpointmanagement sinnvoll. Zusammengefasst liefern die Erkenntnisse dieser wissenschaftlichen Arbeit durch die Dynamik in diesem Thema den Ausgangspunkt für weitere Forschungsfragen und langfristige Analysen.

Abschließend sind die sich wandelnden Touchpoints durch die dynamische Entwicklung der Kundenerwartungen der Ausgangspunkt für Versicherungsunternehmen, sich mit diesen auseinanderzusetzen, um flexibel darauf reagieren zu können. Der zunehmende Verdrängungswettbewerb verstärkt die Bedeutung von exzellentem Service und daraus resultierende Kundenzufriedenheit in dieser Branche. Ohne eine unternehmensweite Einigkeit und Transparenz jeglicher auf den Kunden gerichteter Prozesse kann es nicht zu einem kohärenten Erlebnis und somit einheitlichem Bild des Unternehmens kommen. Die reibungslosen Abläufe und das nahtlose Erlebnis an Touchpoints sind bereits wichtige Basisfaktoren, bei denen digitale sowie analoge Leichtigkeit und hilfsbereiter Kundensupport über alle Kanäle im Vordergrund steht. Die Koordination der ausgehenden Kommunikation wie auch die im Bedarfsfall vom Kunden induzierten Kontaktpunkte erfordern eine lückenlose Dokumentation. Daraus folgt eine Übersicht jeglicher Kontaktpunkte und eine strukturierte und iterative Betrachtung von Kundeninteraktionen.

Mit Hilfe des schrittweisen Vorgehens können Unternehmen in das Touchpointmanagement und die gemeinschaftliche und unternehmensweite Verwaltung von Kontaktpunkten einsteigen. Dies beschreibt die ersten Ansätze des Touchpointmanagements. Die Unternehmen betrachten im besten Fall das Zusammenwirken von Kanälen und Botschaften im analogen sowie digitalen Raum. Durch den Aufbau einer einheitlichen Datenbasis, der Zusammenarbeit und Verantwortung von verschiedenen Bereichen und einer wiederkehrenden Wirkungskontrolle erfolgt eine stetige Weiterentwicklung der Touchpoint-Übersicht. Ziel ist es, stets ein gleiches Erlebnis und Ergebnis für Kunden zu erzeugen, welche zur vollen Zufriedenheit ablaufen. Dies beeinflusst maßgeblich die Gesamterfahrungen beim Unternehmen und begeistert Kunden durch ein abgestimmtes Bild nach außen. Mit der ganzheitlichen Betrachtung des Touchpointmanagements und seiner praktischen Umsetzung reagieren Unternehmen auf die dynamischen Entwicklungen der Bedürfnisse und es entsteht ein wichtiges Fundament für eine verbesserte Kundenbindung. Nur durch dieses Vorgehen setzen sie den Kunden und seine Bedürfnisse in den Fokus des Handelns und erzeugen im serviceorientierten Wettbewerb mit anderen gleichartigen Unternehmen wichtige Vorteile. Allein dadurch entwickeln sie sich kontinuierlich kundenzentriert weiter und agieren durch eine verbesserte und gestärkte Kundenbindung langfristig erfolgreich am Markt.

Literaturverzeichnis

1. Adolph, T., Everling, O. und Metzler, M. (Hrsg.) (2016) *Krankenversicherung im Rating: Leistungsbewertungen und Management als Schlüsselfaktoren*. 3. Aufl. Wiesbaden: Betriebswirtschaftlicher Verlag Gabler.
2. Ahlrichs, R. (2012) *Zwischen sozialer Verantwortung und ökonomischer Vernunft: Unternehmensethische Impulse für die Sozialwirtschaft*. 2012. Aufl. Wiesbaden: VS Verlag für Sozialwissenschaften.
3. Anderson, E. W. (1996) „Customer satisfaction and price tolerance", *Marketing letters*, 7(3), S. 265–274.
4. Anderson, E. W., Fornell, C. und Lehmann, D. R. (1994) „Customer satisfaction, market share, and profitability: Findings from Sweden", *Journal of marketing*, 58(3), S. 53–66.
5. Anderson, E. W., Fornell, C. und Mazvancheryl, S. K. (2004) „Customer satisfaction and shareholder value", *Journal of marketing*, 68(4), S. 172–185.
6. Baidya, M., Maity, B. und Goswami, S. (2023) „A value-driven touchpoints strategy for managing the customer experience process", *Business process management journal*, 29(7), S. 2147–2166.
7. Bailom, F. *u. a.* (1996) „Das Kano-Modell der Kundenzufriedenheit", *ZFP: Marketing Journal of Research and Management*, 18(2), S. 117–126.
8. Becker, L. (2009) *Professionelles E-Mail-Management: Von Der Individuellen Nutzung Zur Unternehmensweiten Anwendung*. 2009. Aufl. Wiesbaden: Gabler Verlag.
9. Becker, R. und Daschmann, G. (2015) *Das Fan-Prinzip: Mit Emotionaler Kundenbindung Unternehmen Erfolgreich Steuern*. 2015. Aufl. Springer Gabler.
10. Berg, N. und Knights, M. (2022) *Amazon: How the World's Most Relentless Retailer Will Continue to Revolutionize Commerce*. London, England: Kogan Page.
11. Berry, L. L. (1983) „Realtionship Marketing", in Berry, L. L., Shostack, G. L., und Upah, G. D. (Hrsg.) *Emerging Perspectives on Services Marketing*. Chicago: American Marketing Association, S. 25–28.
12. Boltz, D.-M. und Trommsdorff, V. (2022) *Konsumentenverhalten*. 9. Aufl. Stuttgart: Kohlhammer GmbH.

L. S. Stolz, *Kundenzentrierte Touchpoints in der Versicherungsbranche*, BestMasters, https://doi.org/10.1007/978-3-658-49982-2

13. Brakus, J. J., Schmitt, B. H. und Zarantonello, L. (2009) „Brand Experience: What is It? How is it Measured? Does it Affect Loyalty?“, *Journal of marketing*, 73(3), S. 52–68.
14. Brandenberg, A. *u. a.* (2007) „Verändertes Kundenverhalten“, in Belz, C. et al (Hrsg.) *Innovation Driven Marketing*. Wiesbaden: Gabler, S. 61–70.
15. Bruhn, H.-J. (2023) „Personalisierte Prävention in der GKV – Weiterentwicklung der Gesundheitsförderung“, in *Innovationen in der Gesundheitsversorgung*. Wiesbaden: Springer Fachmedien Wiesbaden, S. 93–106.
16. Bruhn, M. (2016) *Kundenorientierung: Bausteine für ein exzellentes Customer Relationship Management (CRM)*. 5. Aufl. München: C.H. Beck.
17. Bruhn, M. und Hadwich, K. (2012) „Customer Experience – Eine Einführung in die theoretischen und praktischen Problemstellungen“, in *Customer Experience*. Wiesbaden: Gabler Verlag, S. 3–36.
18. Bruhn, M., Hadwich, K. und Saleschus, M. (2023) „Kundenorientierung, Kundenzentrierung und Customer-Dominant Logic – Welche Beiträge leisten die Konzepte für die kundenorientierte Unternehmensführung?“, in *Marketing und Innovation in disruptiven Zeiten*. Wiesbaden: Springer Fachmedien Wiesbaden, S. 109–145.
19. Bruhn, M. und Homburg, C. (Hrsg.) (2013) *Handbuch Kundenbindungsmanagement: Strategien und Instrumente für ein erfolgreiches CRM*. 8. Aufl. Springer Gabler.
20. Bruhn, M., Richter, M. und Georgi, D. (2006) „Dynamik von Kundenerwartungen im Dienstleistungsprozess“, *Marketing*, 28(2), S. 116–134.
21. Busse, R. und Schreyögg, J. (2022) „Leistungsmanagement von Krankenversicherungen“, in Busse, R., Schreyögg, J., und Stargardt, T. (Hrsg.) *Management im Gesundheitswesen: Das Lehrbuch für Studium und Praxis*. Berlin: Springer Nature, S. 25–54.
22. Churchill, G. A., Jr und Surprenant, C. (1982) „An investigation into the determinants of customer satisfaction“, *journal of marketing Research*, 1982(4), S. 491–504.
23. Clausing, S. (2024) „Customer Relationship Management“, in *An die Spitze im E-Commerce*. Wiesbaden: Springer Fachmedien Wiesbaden, S. 167–244.
24. Dahl, A. J. *u. a.* (2018) „Differential effects of omni-channel touchpoints and digital behaviors on digital natives' social cause engagement“, *Journal of research in interactive marketing*, 12(3), S. 258–273.
25. De Keyser, A. *u. a.* (2020) „Moving the customer experience field forward: Introducing the touchpoints, context, qualities (TCQ) nomenclature“, *Journal of service research*, 23(4), S. 433–455.
26. Demirel, D. (2022) „The effect of service quality on customer satisfaction in digital age: Customer satisfaction based examination of digital crm“, *Journal of business economics and management*, 23(3), S. 507–531.
27. Diller, H. (1995) „Beziehungs-Marketing“, *WiSt*, 24(9), S. 442–447.
28. Diller, H. (1996) „Kundenbindung als Marketingziel“, *Marketing ZFP*, 18(2), S. 81–94.
29. Dwyer, F. R., Schurr, P. H. und Oh, S. (1987) „Developing buyer-seller relationships“, *Journal of marketing*, 51(2), S. 11.
30. Eckert, C., Neunsinger, C. und Osterrieder, K. (2022) „Managing customer satisfaction: digital applications for insurance companies“, *The Geneva Papers on Risk and Insurance Issues and Practice*, 47(3), S. 569–602.

31. Esch, F.-R. *u. a.* (2010) „Customer Touchpoints marken- und kundenspezifisch managen“, *Marketing Review St Gallen*, 27(2), S. 8–13.
32. Esch, F.-R., Kochann, D. und Tabellion, J. (2019) „Customer Touchpoint Management: Kontaktpunkte marken- und kundenspezifisch deklinieren“, in Esch, Franz-Rudolf (Hrsg.) *Handbuch Markenführung*. 1. Aufl. Wiesbaden: Springer Gabler, S. 941–957.
33. Esper, T. L. und Peinkofer, S. T. (2017) „Consumer-based supply chain management performance research: A structured literature review“, *Transportation journal*, 56(4), S. 395–428.
34. Fruchter, G. E. *u. a.* (2021) „Dynamic formation of customers' quality expectations“, *SSRN Electronic Journal*.
35. Gentile, C., Spiller, N. und Noci, G. (2007) „How to sustain the customer experience: An Overview of Experience Components that Co-create Value With the Customer“, *European management journal*, 25(5), S. 395–410.
36. Gerth, N. (2001) „Zur Bedeutung eines neuen Informationsmanagement für den CRM-Erfolg“, in Link, J. (Hrsg.) *Customer Relationship Management: Erfolgreiche Kundenbeziehungen Durch Integrierte Informationssysteme*. Berlin: Springer, S. 103–116.
37. Giering, A. (2000) *Der Zusammenhang zwischen Kundenzufriedenheit und Kundenloyalität: Eine Untersuchung Moderierender Effekte*. 2000. Aufl. Deutscher Universitatsverlag.
38. Gläser, J. und Laudel, G. (2010) *Experteninterviews und qualitative Inhaltsanalyse: Als Instrumente rekonstruierender Untersuchungen*. 4. Aufl. Wiesbaden: VS Verlag für Sozialwissenschaften.
39. Gläser-Zikuda, M., Stephan, M. und Hofmann, F. (2022) „Qualitative Auswertungsverfahren“, in Reinders, H., Bergs-Winkels, D., Prochnow, A., Post, I. (Hrsg.) *Empirische Bildungsforschung*. Wiesbaden: Springer Fachmedien Wiesbaden, S. 237–251.
40. Godfrey, A., Seiders, K. und Voss, G. B. (2011) „Enough is enough! The fine line in executing multichannel relational communication“, *Journal of marketing*, 75(4), S. 94–109.
41. Göhner, M. und Krell, M. (2020) „Qualitative content analysis in science education research under the consideration of quality criteria: A review“, *Zeitschrift für Didaktik der Naturwissenschaften*, 26(1), S. 207–225.
42. Greß, S. und Wasem, J. (2013) „Vorgehen für die Organisation von Krankenkassen“, in Alexander, A. und Rath, T. (Hrsg.) *Krankenkassen im Wandel: Organisationsentwicklung als Herausforderung*. 2001. Aufl. Wiesbaden: Deutscher Universitätsverlag.
43. Grønholdt, L. *u. a.* (2015) „Customer experience management and business performance“, *International journal of quality and service sciences*, 7(1), S. 90–106.
44. Grönroos, C. (1997) „Keynote paper From marketing mix to relationship marketing - towards a paradigm shift in marketing“, *Management decision, MCB University Press*, 35(4), S. 322–339.
45. Grönroos, C. und Ravald, A. (2011) „Service as business logic: implications for value creation and marketing“, *Journal of service management*, 22(1), S. 5–22.
46. Grunwald, G. und Schwill, J. (2017) „6 Erfolgsfaktoren des Beziehungsmarketings“, in *Beziehungsmarketing*. Schäffer-Poeschel, S. 321–324.
47. Guillot, P. *u. a.* (2023) „Medical information delivering improved customer experience: A guide“, *Pharmaceutical medicine*, 37(2), S. 111–119.

48. Gummesson, E. (2002) „Relationship marketing and a new economy: it's time for deprogramming“, *Journal of services marketing*, 16(7), S. 585–589.
49. Gupta, K. und Stewart, D. W. (1996) „Customer satisfaction and customer behavior: The differential role of brand and category expectations“, *Marketing letters*, 7(3), S. 249–263.
50. Halb, F. und Seebacher, U. G. (2021) „User Experience and Touchpoint Management: A Touchpoint Performance Management Toolkit for the Buyer Journey“, in Seebacher, U. G. (Hrsg.) *B2B Marketing. Management for Professionals.* Cham ZG, Schweiz: Springer Nature, S. 641–664.
51. Halvorsrud, R., Kvale, K. und Følstad, A. (2016) „Improving service quality through customer journey analysis“, *Journal of service theory and practice*, 26(6), S. 840–867.
52. Hannig, U. (2021) „Lead Management Automation vereint Marketing und Vertrieb“, in Hannig, U. (Hrsg.) *Marketing und Sales Automation: Grundlagen – Tools – Umsetzung. Alles, was Sie wissen müssen.* 2. Aufl. Wiesbaden: Springer Gabler, S. 243–258.
53. Helfferich, C. (2019) „Methoden Sozialforschung“, in Baur, N. und Blasius, J. (Hrsg.) *Handbuch Methoden der empirischen Sozialforschung.* 2. Aufl. Wiesbaden: Springer Fachmedien, S. 669–686.
54. Helmold, M. (2023) „TRM für Dienstleistungen und Services“, in *Total Revenue Management.* Cham: Springer International Publishing, S. 91–97.
55. Hensen, G. und Hensen, P. (2008) „Das Gesundheitswesen im Wandel sozialstaatlicher Wirklichkeiten“, in Hensen, G. und Hensen, P. (Hrsg.) *Gesundheitswesen und Sozialstaat Gesundheitsförderung zwischen Anspruch und Wirklichkeit.* Wiesbaden: GWV Fachverlage, S. 13–40.
56. Hippner, H., Hubrich, B. und Wilde, K. D. (Hrsg.) (2011) *Grundlagen des CRM: Strategie, Geschäftsprozesse und IT-Unterstützung.* 3. Aufl. Wiesbaden: Gabler Verlag.
57. Hippner, H. und Wilde, K. D. (2003) „Customer Relationship Management- Strategie und Realisierung“, in Teichmann, R. (Hrsg.) *Customer Und Shareholder Relationship Management: Erfolgreiche Kunden- und Aktionärsbindung in der Praxis.* 2003. Aufl. Berlin: Springer.
58. Hippner, H. und Wilde, K. D. (Hrsg.) (2006) *Grundlagen des CRM: Konzepte und Gestaltung.* 2. Aufl. Wiesbaden: Betriebswirtschaftlicher Verlag Gabler.
59. Hogan, S., Almquist, E. und Glynn, S. E. (2005) „Brand-building: finding the touchpoints that count“, *The journal of business strategy*, 26(2), S. 11–18.
60. Holland, H. und Ramanathan, N. (2018) „Customer Experience Management“, in Keuper, F. et al (Hrsg.) *Disruption und Transformation Management.* Wiesbaden: Springer Fachmedien Wiesbaden, S. 343–352.
61. Holzing, J. (2008) *Die Kano-Theorie Der Kundenzufriedenheitsmessung: Eine theoretische und empirische Überprüfung.* 2008. Aufl. Gabler Verlag.
62. Homburg, C. und Bruhn, M. (2005) „Kundenbindungsmanagement. Eine Einführung in die theoretischen und praktischen Problemstellungen“, in Bruhn, M. und Homburg, C. (Hrsg.) *Handbuch Kundenbindungsmanagement.* Wiesbaden: Gabler, S. 3–37.
63. Homburg, C. und Bucerius, M. (2012) *Kundenzufriedenheit als Managementherausforderung.* Springer.
64. Homburg, C. und Giering, A. (2001) „Personal characteristics as moderators of the relationship between customer satisfaction and loyalty? An empirical analysis“, *Psychology & marketing*, 18(1), S. 43–66.

65. Homburg, C., Giering, A. und Hentschel, F. (1998) *Der Zusammenhang zwischen Kundenzufriedenheit und Kundenbindung*. Mannheim: Inst. für Marktorientierte Unternehmensführung, Univ. Mannheim.
66. Homburg, C., Jozić, D. und Kuehnl, C. (2017) „Customer experience management: toward implementing an evolving marketing concept", *Journal of the Academy of Marketing Science*, 45(3), S. 377–401.
67. Homburg, C. und Rudolph, B. (1997) *Kundenzufriedenheit: Konzepte – Methoden – Erfahrungen*. 2. Aufl. Herausgegeben von H. Simon. Wiesbaden: Gabler Verlag.
68. Homburg, C. und Stock-Homburg, R. (2015) *Kundenzufriedenheit: Konzepte – Methoden – Erfahrungen*. 9. Aufl. Herausgegeben von C. Homburg. Springer Gabler.
69. Huber, F., Herrmann, A. und Braunstein, C. (2009) *Kundenorientierte Unternehmensführung: Kundenorientierung – Kundenzufriedenheit – Kundenbindung*. 6. Aufl. Herausgegeben von H. Hinterhuber und K. Matzler. Wiesbaden: Gabler Verlag.
70. Jacob, R., Heinz, A. und Décieux, J. P. (2019) *Umfrage: Einführung in Die Methoden Der Umfrageforschung*. 4. Aufl. Berlin: Walter de Gruyter.
71. Jankowski, M. und Zimmermann, A. (2004) *Versicherungspflichtige Leistungen in einer obligatorischen Krankenversicherung*. Köln: Otto-Wolff-Institut für Wirtschaftsordnung (owiwo).
72. Janz, S. und Reinecke, S. (2007) *Marketingcontrolling: Sicherstellen von Marketingeffektivität und -effizienz*. Stuttgart: Kohlhammer.
73. Karakas, L. (2014) *Gesetzliche vs. Private Krankenversicherung: Pro und Contra unter Berücksichtigung des deutschen Sozialstaatsmodells*. Hamburg: Bachelor + Master Publishing.
74. Keblis, M. F. und Chen, M. (2006) „Improving customer service operations at Amazon.com", *Interfaces*, 36(5), S. 433–445.
75. Keller, B. und Ott, C. S. (Hrsg.) (2018) *Touchpoint Management – inkl. Arbeitshilfen online: Entlang der Customer Journey erfolgreich agieren*. 2. Aufl., Freiburg: Haufe-Lexware.
76. Kießig, A., Lohmann, K. und Zanger, C. (2020) „E-Customer Relationship Management", in Kollmann, T. (Hrsg.) *Handbuch Digitale Wirtschaft*. Wiesbaden: Springer Fachmedien Wiesbaden.
77. Kießig, A., Lohnman, K. und Zanger, C. (2020) „E-Customer Relationship Management", in Kollmann, T. (Hrsg.) *Handbuch Digitale Wirtschaft*. Wiesbaden: Springer Gabler, S. 355–372.
78. Kilian, K. und Kreutzer, R. T. (2022) *Digitale Markenführung: Digital Branding in Zeiten divergierender Märkte*. Wiesbaden: Springer Fachmedien Wiesbaden.
79. Kirchmayr, S. *u. a.* (2020) *Handbuch Kundenbindungs- und Loyalitätsprogramme*. Wien, Österreich: Facultas.
80. Knüppel, D. (2003) *Risikoselektion als Folge von Einkaufsmodellen im deutschen Gesundheitswesen*. Darmstadt: Technische Universität Darmstadt.
81. Koller, M., Zauner, A. und Floh, A. (2012) „Kundenwert in Produkt- und Dienstleistungsbündel: Eine qualitative Betrachtung", *Der Markt- International Journal of Marketing*, 51(2–3), S. 75–84.
82. Kotler, P., Keller, K. L. und Chernev, A. (2021) *Marketing management, global edition*. 16. Aufl. London, England: Pearson Education.

83. Kreutzer, R. T. (2021) *Kundendialog online und offline: Das große 1x1 der Kundenakquisition, Kundenbindung und Kundenrückgewinnung*. Wiesbaden: Springer Fachmedien Wiesbaden.
84. Kulinski, K. und Dietrich, K. (2024) „Datengestützte Gesundheitsversorgung am Beispiel der privaten Krankenversicherung“, in Schmidt, D., Mosen, M. W., und Moormann, J. (Hrsg.) *Digital Society: Strategien, Innovationen und Plattformen in der Finanzbranche*. Frankfurt: Frankfurt School Verlag, S. 451–472.
85. Kumar, V. (2018) „Transformative marketing: The next 20 years“, *Journal of marketing*, 82(4), S. 1–12.
86. Kumar, V. und Reinartz, W. (2018) *Customer relationship management: Concept, strategy, and tools*. 3. Aufl. Berlin: Springer.
87. Larke, R., Kilgour, M. und O’Connor, H. (2018) „Build touchpoints and they will come: transitioning to omnichannel retailing“, *International journal of physical distribution & logistics management*, 48(4), S. 465–483.
88. Lee, S. K. (2018) „A customer touch point management system for effective service communication“, *Business Communication Research and Practice*, 1(1), S. 46–49.
89. Lemon, K. N. und Verhoef, P. C. (2016) „Understanding customer experience throughout the customer journey“, *Journal of marketing*, 80(6), S. 69–96.
90. Leußer, W., Hippner, H. und Wilde, K. D. (2011) „CRM – Grundlagen, Konzepte und Prozesse“, in *Grundlagen des CRM*. Wiesbaden: Gabler, S. 15–55.
91. Löffler, M. und Gouthier, M. (2017) „Strategie-Initiative ‚Customer- Experience-Management‘ – Kundenbegeisterung bei der Porsche AG“, *Marketing Review St.Gallen*, 34(1), S. 54–63.
92. Magerhans, A. und Engelhardt, J.-F. (2023) *Kundenzufriedenheit klipp & klar*. Wiesbaden: Springer Fachmedien.
93. Manß, R. und Stehr, M. (2024) „Die vergessene Industrie: Customer Journeys im B2B-Kontext“, in O’Gorman, S. und Schuster, G. (Hrsg.) *Customer Centricity Innovative Unternehmenspraxis: Insights, Strategien und Impulse*. Wiesbaden: Springer Fachmedien, S. 181–194.
94. Martens, T. v. (2009) *Kundenwertorientiertes Revenue Management Im Dienstleistungsbereich*. Wiesbaden: Gabler Verlag.
95. Martensen, A. und Grønholdt, L. (2010) „Measuring and managing brand equity: A study with focus on product and service quality in banking“, *International journal of quality and service sciences*, 2(3), S. 300–316.
96. Mayer-Vorfelder, M. (2012) „Customer Experience Management im Dienstleistungsbereich – Konzeption eines entscheidungsorientierten Managementansatzes“, in Bruhn, M. und Hadwich, K. (Hrsg.) *Customer Experience*. Wiesbaden: Springer Gabler, S. 134–157.
97. Mayring, P. (2016) *Einführung in die qualitative Sozialforschung*. 6. Aufl. Weinheim: Julius Beltz.
98. Mayring, P. (2022) *Qualitative Inhaltsanalyse: Grundlagen und Techniken*. 13. Aufl., Weinheim: Julius Beltz.
99. Mayring, P. (2023) *Einführung in die qualitative Sozialforschung: eine Anleitung zu qualitativem Denken*. 7. Aufl., Weinheim: Julius Beltz.

100. Mayring, P. und Fenzl, T. (2019) „Qualitative Inhaltsanalyse“, in Baur, N. und Blasius, J. (Hrsg.) *Handbuch Methoden der empirischen Sozialforschung*. 2. Aufl. Wiesbaden: Springer VS, S. 633–648.
101. McKechnie, D. S., Grant, J. und Shabbir Golawala, F. (2011) „Partitioning service encounters into touchpoints to enhance quality“, *International journal of quality and service sciences*, 3(2), S. 146–165.
102. Meffert, H. *u. a.* (Hrsg.) (2024) *Marketing: Grundlagen marktorientierter Unternehmensführung Konzepte – Instrumente*. Wiesbaden: Springer Fachmedien.
103. Meffert, H., Burmann, C. und Kirchgeorg, M. (2014) *Marketing: Grundlagen marktorientierter Unternehmensführung Konzepte – Instrumente – Praxisbeispiele*. 12. Aufl. Wiesbaden: Springer Fachmedien.
104. Meister, H. und Meister, U. (1998) *Kundenzufriedenheit Im Dienstleistungsbereich*. 2. Aufl. München: R Oldenbourg Verlag.
105. Nagel, E. (Hrsg.) (2006) *Das Gesundheitswesen in Deutschland: Struktur, Leistungen, Weiterentwicklung*. Köln: Deutscher Ärzte-Verlag.
106. Nerdinger, F. W. und Neumann, C. (2007) „Kundenzufriedenheit und Kundenbindung“, in *Wirtschaftspsychologie*. Berlin, Heidelberg: Springer Berlin Heidelberg, S. 127–146.
107. N'Goala, G., Pez-Pérard, V. und Prim-Allaz, I. (2019) *Augmented customer strategy: CRM in the digital age*.
108. Noé-Nordberg, K. (2024) „Leitprinzip Kundenbegeisterung: Schaffung einer kundenorientierten Unternehmenskultur“, in Herget, J. und Strobl, H. (Hrsg.) *Unternehmenskultur in der Praxis*. Wiesbaden: Springer Fachmedien Wiesbaden, S. 289–308.
109. Novak, T. P., Hoffman, D. L. und Yung, Y.-F. (2000) „Measuring the customer experience in online environments: A structural modeling approach“, *Marketing science*, 19(1), S. 22–42.
110. Olsson, J. *u. a.* (2022) „Customer expectations of unattended grocery delivery services: mapping forms and determinants“, *International journal of retail & distribution management*, 50(13), S. 1–16.
111. Paul, T. (2013) „Mutual fund investors expectation and experience A gap analysis from customerss communication perspective of marketing mix“, *SSRN Electronic Journal*.
112. Payne, A. und Frow, P. (2005) „A strategic framework for customer relationship management“, *Journal of marketing*, 69(4), S. 167–176.
113. Rau, F. (2008) „Der Sozialstaat: Prinzipien, Konstituenten und Aufgaben im Gesundheitsbereich“, in Hensen, G. und Hensen, P. (Hrsg.) *Gesundheitswesen Und Sozialstaat: Gesundheitsförderung zwischen Anspruch und Wirklichkeit*. 2008. Aufl. Wiesbaden: GWV Fachverlage, S. 41–60.
114. Rebscher, H. (Hrsg.) (2006) *Gesundheitsökonomie und Gesundheitspolitik: Im Spannungsfeld zwischen Wissenschaft und Politikberatung*. 1. Aufl. Heidelberg: medhochzwei Verlag.
115. Rebscher, H., Meiners, F. und Kordt, M. (2017) „Die Ambivalenz von Ratings und Rankings in der Gesetzlichen Krankenversicherung“, in *Krankenversicherung im Rating*. Wiesbaden: Gabler Verlag, S. 153–166.
116. Robledo, M. A. (2001) „Measuring and managing service quality: integrating customer expectations“, *Managing service quality*, 11(1), S. 22–31.

117. Röhr, E. (2019) „Relationship Marketing im Spannungsfeld aus steigendem Wunsch nach Einfachheit und zunehmender Digitalisierung – eine kritische Diskussion", in *Digitalisierung und Kommunikation*. Wiesbaden: Springer Fachmedien Wiesbaden, S. 107–126.
118. Röthlingshöfer, B. (2010) *Marketeasing: Werbung total anders*. Berlin: Schmidt, Erich.
119. Rust, R. T. und Chung, T. S. (2006) „Marketing models of service and relationships", *Marketing science*, 25(6), S. 560–580.
120. Sauerwein, E. (2000) *Das Kano-Modell Der Kundenzufriedenheit: Reliabilität und Validität einer Methode zur Klassifizierung von Produkteigenschaften*. Wiesbaden: Deutscher Universitatsverlag.
121. Schäfer, A. *u. a.* (2023) *Aufrechterhaltung eines gesunden Lebensstils: Psychologische Interventionen zur Prävention chronischer Krankheiten und die Rolle des Gesundheitsökosystems*. Berlin, Heidelberg: Springer Berlin Heidelberg.
122. Schaller, C., Stotko, C. M. und Piller, F. (2006) „Mit Mass Customization basiertem CRM zu loyalen Kundenbeziehungen", in Hippner, H. und Wilde, K. D. (Hrsg.). Wiesbaden: Gabler, S. 121–144.
123. Scherenberg, V. (2011) *Nachhaltigkeit in Der Gesundheitsvorsorge: Wie Krankenkassen Marketing und Prävention erfolgreich verbinden*. 2011. Aufl. Wiesbaden: GWV Fachverlage.
124. Schmitt, B. und Mangold, M. (2004) *Kundenerlebnis als Wettbewerbsvorteil: Mit Customer Experience Management Marken und Märkte Gewinn bringend gestalten*. 2004. Aufl. Wiesbaden: Gabler Verlag.
125. Schneider, A. (2013) *Kundenakquise in Social-Media-Netzwerken: So gewinnen Sie heute Kunden und Aufträge*. Weinheim: Wiley-VCH Verlag.
126. Schüller, A. M. (2012) *Touchpoints Auf Tuchfühlung mit dem Kunden von heute. Managementstrategien für unsere neue Businesswelt*. Offenbach am Main: GABAL.
127. Sharma, M. und Chaubey, D. S. (2014) „An empirical study of customer experience and its relationship with customer satisfaction towards the services of banking sector", *Journal of Marketing & Communication*, 9(3), S. 18–27.
128. Skala-Gast, D. (2012) *Zusammenhang zwischen Kundenzufriedenheit und Kundenloyalität – Eine empirische Analyse am Beispiel der deutschen Automobilindustrie*. Wiesbaden: Gabler.
129. Staudacher, J. (2021) *Kundenorientierung: Grundlagen, Modelle und Best Practices für eine erfolgreiche Transformation*. 1. Aufl. Wiesbaden: Springer Gabler.
130. Stein, A. und Ramaseshan, B. (2016) „Towards the identification of customer experience touch point elements", *Journal of Retailing and Consumer Services*, 30, S. 8–19.
131. Steinhoff, L. *u. a.* (2019) „Online relationship marketing", *Journal of the Academy of Marketing Science*, 47(3), S. 369–393.
132. Straker, K., Wrigley, C. und Rosemann, M. (2015) „Typologies and touchpoints: designing multi-channel digital strategies", *Journal of research in interactive marketing*, 9(2), S. 110–128.
133. Sünkel, B. und Weber, W. (2018) *Touchpoint Management – inkl. Arbeitshilfen online: Entlang der Customer Journey erfolgreich agieren*. 2. Aufl. Herausgegeben von B. Keller und C. S. Ott. Haufe-Lexware.

134. Taherdoost, H. (2023) „Customer Relationship Management“, in *E-Business Essentials.* Cham: Springer Nature Switzerland, S. 237–264.
135. Tam, J. L. M. (2007) „Managing customer expectations in financial services: Opportunities and challenges“, *Journal of financial services marketing,* 11(4), S. 281–289.
136. Trommsdorff, V. (2009) *Konsumentenverhalten.* 7. Aufl. Stuttgart: W. Kohlhammer GmbH.
137. Tuominen, S. *u. a.* (2023) „Customer-centric strategy driving innovativeness and business growth in international markets“, *International marketing review,* 40(3), S. 479–496.
138. Van Thai, V. U. (2015) „Determinants of Customer Expectations of Service: Implications for Fostering Customer Satisfaction“, *International Journal of Management and Applied Science,* 1(4), S. 146–151.
139. Van Vliet R. Meer J. , T. (2023) „From Product-Oriented Insurance Company to Customer-Centric Service Provider“, in Proper, H. A., van Gils, B., und Haki, K. (Hrsg.) *Digital Enterprises Service-Focused, Digitally-Powered, Data-Fueled.* Cham ZG, Schweiz: Springer International Publishing, S. 33–52.
140. Villani, I. (2018) *Transform Customer Experience : How to Achieve Customer Success and Create Exceptional CX.* Melbourne: John Wiley & Sons, Incorporated.
141. Walter, G. (2003) „Kundenmanagement bei Banken – Von reiner Transaktionsorientierung zu einem umfassenden Beziehungsansatz“, in Bartmann, D. (Hrsg.) *Bankinformatik 2004.* Wiesbaden: Gabler, S. 53–66.
142. Waltermann, R. (2014) *Sozialrecht.* 11. Aufl. Heidelberg: C.F. Müller.
143. Weis, H. C. (2012) *Marketing.* 16. Aufl. Herne: NWB Verlag.
144. Wrona, T. (2006) „Fortschritts- und Giitekriterien im Rahmen qualitativer Sozialforschung“, in Zelewski, S. und Akca, N. (Hrsg.) *Fortschritt in Den Wirtschaftswissenschaften: Wissenschaftstheoretische Grundlagen Und Exemplarische Anwendungen.* 2006. Aufl. Wiesbaden: Deutscher Universitatsverlag, S. 189–216.
145. Zeithaml, V. A., Berry, L. L. und Parasuraman, A. (1988) „Communication and control processes in the delivery of service quality“, *Journal of marketing,* 52(2), S. 35–48.
146. Zeithaml, V. A., Berry, L. L. und Parasuraman, A. (1993) „The nature and determinants of customer expectations of service“, *Journal of the Academy of Marketing Science,* 21(1), S. 1-12.
147. Zondler, J. (2008) „Bausteine für eine hohe Kundenzufriedenheit bei der Gmünder ErsatzKasse (GEK)“, in Töpfer, A. (Hrsg.) *Handbuch Kundenmanagement.* Heidelberg: Springer, S. 501–539.

Internetquellen

1. GKV-Spitzenverband (ohne Datum) *Alle gesetzlichen Krankenkassen, Gkv-spitzenverband.de.* Verfügbar unter: https://www.gkv-spitzenverband.de/krankenversicherung/kv_grundprinzipien/alle_gesetzlichen_krankenkassen/alle_gesetzlichen_krankenkassen.jsp (Zugegriffen: 2. Januar 2024).
2. Staudacher, J. und Nyholm, J. (2019) *Wirkung der Kundenorientierung auf die Profitabilität, Whataboutthecustomer.com.* Verfügbar unter: https://whataboutthecustomer.com/wp-content/uploads/2018/05/Auswirkung_Kundenorientierung_auf_Profitabilitaet.pdf (Zugegriffen: 20. April 2024).